青少年健康成长必读书系

青少年社会交往的
119个误区

本书编写组 ◎ 编

人的经历是一笔财富，但是，不是所有的财富都有价值每个人的经历要使其体现价值还需要与教育相结合。我们所经历的挑战和接受的教育，将塑造属于我们的未来！

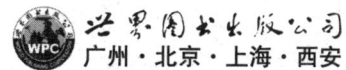
广州·北京·上海·西安

图书在版编目（CIP）数据

青少年社会交往的119个误区／《青少年社会交往的119个误区》编写组编. — 广州：广东世界图书出版公司，2011.4（2024.2重印）

ISBN 978-7-5100-3444-2

Ⅰ．①青… Ⅱ．①青… Ⅲ．①心理交往-青年读物②心理交往-少年读物 Ⅳ．①C912.3-49

中国版本图书馆CIP数据核字（2011）第058333号

书　　名	青少年社会交往的119个误区
	QINGSHAONIAN SHEHUI JIAOWANG DE 119 GE WUQU
编　　者	《青少年社会交往的119个误区》编写组
责任编辑	李欣鞠
装帧设计	三棵树设计工作组
出版发行	世界图书出版有限公司　世界图书出版广东有限公司
地　　址	广州市海珠区新港西路大江冲25号
邮　　编	510300
电　　话	020-84452179
网　　址	http://www.gdst.com.cn
邮　　箱	wpc_gdst@163.com
经　　销	新华书店
印　　刷	唐山富达印务有限公司
开　　本	787mm×1092mm　1/16
印　　张	10
字　　数	120千字
版　　次	2011年4月第1版　2024年2月第10次印刷
国际书号	ISBN 978-7-5100-3444-2
定　　价	48.00元

版权所有　翻印必究

（如有印装错误，请与出版社联系）

前　言

人类是群体生存的高级动物，在群体的生活与生产中，离不开合作与交往，人际交往是人类人格健全的重要因素之一。因此，提高青少年的人际交往认识和能力，走出青少年在人际交往中的误区，创造美好、快乐的人际交往空间，对健全青少年的人格是非常重要的。

我们知道，在通讯与交通发达的现代社会中，一个人的交往能力，不仅是一种不可缺少的工作能力和生活能力，而且是健全人格的重要因素之一。但是，由于青少年心理上的稚嫩和社会经验的缺乏，使得自己在交往中常常走入一些不该有的误区，发生很多不愉快的，令自己郁闷、失望、尴尬的事情，使自己陷入孤独和苦恼的境地。本书从实际生活出发，指出了青少年在人际交往中常犯的错误，并提出了良好的交往方法和建议，是一本青少年朋友不可不读的好书。

中国作为一个具有悠久文化的文明古国，素有"礼仪之邦"之美称，讲究人际交往中的礼仪和规范，目的就是为了实现社会交往各方的互相尊重和理解，从而达到人与人之间关系的和谐。从一个人的社交中，就能展现出人的修养、教养、风度、魅力，它体现着一个人对他人和社会的认知水平、尊重程度，是一个人的学识、修养和价值的外在表现。一个人只有在尊重他人的前提下，自己才会被他人尊重，人与人之间的和谐关系，也只有在这种互相尊重的过程中，才会逐步建立起来。

一个社会的公共文明水平，可以折射出一个社会和一个国家的文明程度，公共文明又建立在个人的道德修养水平之上。个人的社交文明是根本。良好的社交习惯的形成，可以转化为一个人内在的性格、情操，社交不仅涉及个人的自身形象，而且事关学校、社会乃至国家和民族的整体的内在修养和外在形象。

本书分社交心态篇、语言艺术篇、校园社交篇、公关技巧篇、赞美激励篇、社交修养篇6篇内容来讲述社交的各个方面，是一本全面阐述青少年社交知识的书籍。做事先做人，做人先知"交"。希望读者通过阅读本书，能够提高个人修养，真正做到知书达理、会处世、会做人。

目 录
Contents

社交心态篇

和人打交道一定要谦卑一点 …… 1
在社交中技巧最重要 …………… 3
用强势压倒对方 ………………… 5
人善被人欺 ……………………… 7
与人交往要显露真性情 ………… 8
和朋友在一起可以随便开玩笑 … 9
给别人起绰号 …………………… 10
有脾气就发，不要忍 …………… 11
有些人就是欠骂 ………………… 11
背后议论别人 …………………… 12
糊涂人吃亏 ……………………… 13
只相信自己 ……………………… 15
不能轻易认错 …………………… 16
抬高自己就得踩别人 …………… 18
老实人吃亏 ……………………… 20

语言艺术篇

心诚则灵，社交无需口才和
　　技巧 ………………………… 22
拒绝闲聊 ………………………… 24
不要违心地恭维和赞美别人 …… 26

不要说人过错得罪人 …………… 29
不要试图说服别人 ……………… 32
不好意思拒绝别人 ……………… 35
远离倒霉和不幸的人 …………… 36
道歉是很丢面子的事情 ………… 39
大家都很忙，没有时间听对方
　　啰唆 ………………………… 41
任何场合都给朋友面子 ………… 42
话不投机半句多 ………………… 44
立刻反击别人的攻击 …………… 46
学会社交需要练好口才 ………… 47

校园社交篇

在班集体里，自己顾自己 ……… 48
和异性同学交往要一视同仁 …… 50
知根知底才能信任 ……………… 52
朋友之间的东西可以共享 ……… 53
有优越感才更有面子 …………… 55
年轻的班主任比较好交往 ……… 57
不喜欢任课老师 ………………… 60
不要对老师提意见 ……………… 62
不要搭理学校的教工 …………… 65
有的老师不值得尊重 …………… 68

男生女生都一样 ………………… 73
帮别人不如帮自己 ……………… 74
女学生爱上男教师也很正常 …… 79
莫让老师错怪你 ………………… 80

公关技巧篇

见面不必繁琐客套 ……………… 82
多礼就是见外 …………………… 84
询问别人无需忌讳 ……………… 85
不必太在意称呼 ………………… 86
与人交往不必讲究空间距离 …… 87
串门不必太讲究 ………………… 88
交友凭感觉，不必讲规矩 ……… 89
处事要圆润，不能有个性 ……… 92
七情六欲是人之常情，不必
　掩饰 …………………………… 93
男女有别，不能一视同仁 ……… 94
男生就该有一帮兄弟 …………… 95
代沟问题无法解决 ……………… 96
要尊重，不要尊敬 ……………… 97
表情酷酷的才有魅力 …………… 98
必须掌握社交的若干条技巧 …… 99
倾听时，目视对方 ……………… 99

赞美激励篇

一定要欣赏自己 ………………… 100
不要花言巧语处处拍马屁 ……… 101
总是赞赏别人的人很虚伪 ……… 103
无原则地宽容别人就是纵容
　犯罪 …………………………… 104

提防给你戴高帽的人 …………… 107
讨好你的人有求于你 …………… 109
好听的话尽管说 ………………… 110
谨防甜言蜜语 …………………… 112
赞美不一定要真诚 ……………… 113
拍马屁是弱者对强者做的
　事情 …………………………… 116
赞美别人无需技巧和方法 ……… 119
赞美的话，女人都爱听 ………… 121
赞美其实就是糖衣炮弹 ………… 126
对人就得高标准严要求 ………… 127

社交修养篇

不同的人不同对待 ……………… 130
人不为己天诛地灭 ……………… 133
信守承诺也要看人 ……………… 135
说出秘密是一件快乐的事情 …… 136
嫉妒是一种正常的心理现象 …… 137
害羞是有羞耻心的一种表现 …… 138
该发怒时就发怒 ………………… 139
钱债要讨，情债也要讨 ………… 141
没钱就没真朋友 ………………… 142
朴实的人无需太多客套话 ……… 144
沉默就不会暴露自己内心 ……… 145
所谓礼貌就是客套话 …………… 147
父母吵架儿女不要参与 ………… 148
学生只需学习无需交际 ………… 149
老人需要哄 ……………………… 152
经常面带微笑 …………………… 153

社交心态篇

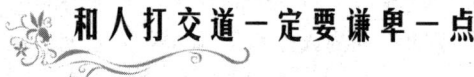
和人打交道一定要谦卑一点

误区：到处都是比你强的人，和人打交道一定要谦卑一点。

具有高度自信的积极心态，是获得社交成功的条件之一。人与人之间，确实存在着许许多多的差别，有些差别还是难以改变的，比如性别、年龄、容貌等，而有些差别是能够改变和缩小的。俗语说，"人比人得死，货比货得扔"，这话的积极方面在于说明人与人之间的可比性不大，不要机械地对比。若从消极方面理解，则是一种典型的心理障碍，实质上是缺乏自信心的表现。要想让面对面沟通得以顺利进行，就要铲除不想交往、不敢交往、不会交往等心理障碍。

1. 要克服自卑心理

在现实生活中，确实存在着职务比你高，收入比你多，能力比你强，学问比你大，事业比你顺的人，与之相比，容易产生自愧不如、自甘暴弃、丧失信心的自卑心理和胆怯行为。

自卑属于性格上的缺点，是过低的自我评价，是应酬成功的心理障碍。造成自卑心理的原因很多，最主要的是不能正确认识自己和对待自己，往往是把别人看成一朵花，把自己看成豆腐渣。事实上，人无完人，别人不可能一切都好，自己也不可能一切都不好，而且好和不好也是相对的、可变的。闻名世界的成人教育家卡耐基，幼年时表现平平，青年时也无惊人之举，但他经过多年的刻苦学习和实践，竟成为举世瞩目的公共关系专家、人际交往大师。他之所以成长、成熟、成名，是必胜的信心帮助了他。要想事业获得成功，除了要具备足够的条件、时间、环境等多种因素之外，最基本的一个条件就是要有信心，要有积极的心态。否则，莫说事业成功，就是正常的交往接触都难以进行。

2. 要克服恐惧心理

社会是个万花筒，既存在着无数赏心悦目的好事，也存在着不少丑恶奇怪的坏事。中国传统文化留下的"人情冷暖，世态炎凉"等警世格言还有一定的市场。由于曾受过"朋友"欺骗、玩弄甚至出卖，有一些人产生了应酬恐惧症，觉得与人交往，耗费时间与精力事小，弄不好会带来威胁自己的后患，所以时时抱着高度戒备的心理为人处世。与人交往之前，做好一定的心理准备是应该的，这也是使交往顺利进行的前提，但不能如临大敌，好像与对方接触就是赴"鸿门宴"一样。应该掌握的一个基本常识是：人有好人有坏人，但还是好人多。说到底，我们还是需要有"我能行"、"我想和你交流"的积极心态。

3. 要克服畏难心理

说"社交不容易"体现在2个方面：①不易了解对方心理，俗话说"人心隔肚皮"，我们往往需要经过一定的观察思考，才能真正了解对方的需求。②不容易控制社会舆论，比如，与比你强的人交往，有攀高附贵之嫌；与领导、上司交往，有溜须拍马之嫌；与异性谈笑风生，又可能有"轻浮"、"居心不良"的微词。对此，有3条解决办法：①明确交往动机，自信、自尊、自强，把交往当作增长才干、丰富人生的良机；②适应外界刺激，从刺激中激发勇气，提高观察、解决问题的能力；③去掉虚荣心，脚正不怕鞋歪，落落大方，心胸坦荡，走自己的路。

世界上任何国家或地区，任何一个时代，任何一个行业，都有成功者，如果仔细观察，我们就会发现成功者都有一个不容置疑的特点，那就是自信、有抱负。元帅都是从当士兵开始的，不少经理、董事长也有过做推销员的经历，既然别人都能去干，能干好，你就不想试试吗？

增加自信，往往以良好的印象为开始，要努力在社交时保持良好的心态和习惯。心理学家指出，以下行为有助于克服社交中的心理自卑，加强自信心：

注视着对方的眼睛，主动和其握手；先主动开口，直接介绍自己；面带笑容，满脸诚实；态度不卑不亢；尽可能使用幽默语言；不装腔作势；说话声音要简洁清晰；参加经营洽谈，不要忘记带名片；不要把名片随随便便甩给别人；不要接过别人的名片随便乱放；不要忘记别人的姓名。

除此之外，我们要避免做那些削弱自我信心的事情，并将这些麻烦和障碍尽早地解决掉，方法是：

永远不要说"反正"与"毕竟"，它们是丧失斗志的两大忌语；使用肯定式的语言最能培植自信感。同样的事实，如用肯定的语气，则可以消除自卑感；凡是不利于自己的措辞，可以省略或改用代名词；逐渐把问题抽象化，使讨厌的事情变得不讨厌；利用联想有助于忘记讨厌的事情。

在社交中技巧最重要

误区：和人打交道主要是靠技巧，品德是看不出来的，所以技巧最重要。

社交中要求你的品格要高尚。任何虚伪的作风只能得逞一时，绝不能掩盖这人的低劣行为。

一个人的内在气质和品格是最美丽的，连新款式的衣服也无法装扮出，尽管有些人外表上展示最吸引人的表现，但是，内心存在着贪婪、嫉妒、怨恨及自私，所以，他将永远不能吸引任何人。

爱美是人类的天性，但爱美并不在于每天要对镜装扮，而是应该竭力养成人格的美。

以处世艺术出名的卡耐基说，他有一个邻居，是个女郎，每天一见面，便问他："你觉得我今天的发型如何？"

当卡耐基略加批评说："你最好还是梳得方一点，比现在的圆角状好些。"那女郎便连声称谢，认卡耐基为良师益友。

卡耐基在一次生活演讲中谈到这个故事，说："我知道这位女郎感谢我的原因，是因为经过我的指正之后，第二天她能梳出更好的发型，这样便可以取悦更多的人。"

"但是她忘记了，一个人每天去应酬，并不是销售发型，而是销售自己的思想、计划和热诚。"

"如果一个人的思想、计划、热诚都不堪销售而只有发型才可成为货品时，他的人格就非常可悲了。"

内心充满着虚伪的应酬，只能吸引到同类的虚伪。也许露出一个虚伪的笑容，能掩饰住真正的感觉，也许可以模仿表现热情的握手方式。但是，这些外在吸引人的个性的表现，缺乏了那个被称作热诚高尚的重要元素，它不但不会吸引到人，反而会令人唾弃。

两千多年前，马其顿国王亚力山大率领军队出征印度，途中断水，全军将士干渴难忍。于是，国王命卫兵去四处找水。

但卫兵找回来的却只有一杯水，便把它献给了国王，这时，国王下令，立即把部队集合起来，端起这仅有的一杯水，充满信心地对全军战士发表了演说："水源，已经找到，我们只要前进，就一定能够找到水。"

话音刚落，大家只见国王把手中的那杯水泼在地上。将士们顿时精神振奋，怀着巨大的希望，不顾难忍的干渴，跟着国王继续前进!

只有这样的精神，这样的品格才能使对方感到震撼，得到对方的心。

中国自古以来就以忠诚老实作为为人处世的根本道德准则，卡耐基对此亦深有体会。

一次，他亲眼看见一个年轻人力车夫的忠厚。当时的车费是15块钱，可是抵达目的地之后，旅客拿出20块钱递给了车夫，并转身就走。但那位年轻的车夫却拉着他的衣服不放，要将多余的车费找还给他，并以坚决的态度说："我不能多拿你的钱，请你收回去。"

于是，经过拉拉扯扯后，那位旅客只好将零钱收了回去。据说，那位车夫后来仍秉持着这种不贪便宜的精神，辛勤工作，而终于成为在社会上有相当地位的人。

卡耐基说："这事令我感动万分。我敬佩他的那种正直、一丝不苟的态度。就在我独自创业时，我心里仍经常惦记着那位青年的作风，也一直效仿他那种刚正不阿的精神，并且秉持随时注意自己的工作是否问心无愧的意念。"

专家们指出，在应酬中，怨恨、嫉妒、自私、恶毒、疑惑、怀疑、自大、冷漠，这些普遍的缺点对社交的影响很大，它会使人们走上一条恶性循环的道路，往往会摧毁人们的人格。

只要你的品格高尚，在社交场合中，相信你就会受到人们的尊敬，并常常感到快乐，会走上一条良性循环的发展之路。

用强势压倒对方

误区：交往中要先发制人，以强势压倒对方，对方才不会小看你。

古人云："敬人者，人恒敬之。"只有相互尊重，人与人之间的关系才会融洽和谐。

心理学家马斯洛认为，人们对尊重的需要分两类，即自尊和来自他人的尊重。自尊包括对获得信心、能力、本领、成就、独立和自由等的愿望。来自他人的尊重包括威望、承认、接受、关心、地位、名誉和赏识。一个具有足够自尊的人总是更有信心，更有能力，也更有效率。然而，当缺乏自尊时，就会感到自尊无望，甚至可能导致绝望和精神失常的行为。而最稳定的，也是最健康的自尊是以别人给他应得的尊敬为基础的，而不是来自外部的名声、荣誉和谄媚。

上海国泰电影院曾发生这样一件事：年末，电影院经理把员工，包括离退休人员及其家属，都请到电影院来参加一个茶话会。会前，专门制作了这些离退休人员和在职职工的生活录像片，会上放给大家看。每个人，尤其是离退休职工都非常感动。原因很简单，这些人一辈子干的工作就是给别人放电影，从来未感受到自己上银幕是什么滋味。今天他们有机会在给人们放了一辈子电影的电影院里，看自己走上了银幕，感到国泰影院领导没有忘记自己一辈子的辛苦，他们能不感动吗？因而很自然地加深了对自己单位的感情，同时也使在职职工感到振奋，团体的凝聚力大增。

互尊是礼仪的重要原则。与人交往，不论对方职务高低，身份如何，相貌怎样，才能大小，只要与之打交道，首先就应尊重他人的人格，做到礼遇适当，寒暄热烈，赞美得体，话题投机，让人感到他在你心目中是受欢迎的和有地位的，从而得到一种心理上的满足，感到与你交往的心情很愉快，这样才可能深入沟通，建立感情，达到目的。

要想在社交中通过礼仪的形式体现出对对方的尊重，就应从以下几个方面做起：

1. 与人交往，要热情而真诚

热情的态度，意味着对别人的隆重接纳，会给人留下受欢迎、受重视、受尊重的感觉，而这本来就是礼仪的初衷和要旨。当然，热情不能过火，过分的热情会使人感到虚伪和缺乏诚意。所以，待人热情一定要出自真诚，是尊重他人的真挚感情的自然流露。如果心存不敬，却又要故意表现出热情，只会让人感到做作，引起反感。

2. 要给他人留有面子

所谓面子，即自尊心。即便是一个毫无廉耻之心的人，也存在着一定的自尊心。失去自尊，对一个人来说，是一件非常痛苦、难以容忍的事情。所以，伤害别人的自尊是严重失礼的行为。如果是故意而为，那就更不道德了。我们中国人爱面子，讲面子，古人有"宁折勿弯"的训诫，说到底都是自尊心的问题。维护自尊，希望得到他人的尊重，是人的基本需要之一。所以，与人交往，一定要避免有可能伤害他人自尊心的言行。比如，谈话中不要涉及他人的隐私；不要提到对方的生理缺陷，更不能拿别人的生理缺陷开玩笑；对他人做错的事，要善意地委婉指出。

3. 允许他人表达思想，表现自己

每个人都有表达自己思想、表现自身的愿望。社会的发展，为人们弘扬个性提供了更为广阔的空间。丰富的个性色彩和多元思想的共存，是现代社会区别于传统社会的一个基本特征。因此，现代社交中的互尊原则，要求人们必须学会彼此宽容，尊重他人的思想观点和个性。与人交往，就应给人表达自己思想、表现自己个性的机会，应尊重他人的这种权利。当他人与自己的意见相左时，不应把自己的观点强加给别人。与个性特征和自己截然不同的人交往，应尊重对方的人格和自由。

人善被人欺

误区：马善被人骑，人善被人欺。所以，在与人交往中，不能太善了。

一个人的生命，有助于他人，自身充满了喜悦、快乐，对他人怀着善意，对别人抱着关爱，这样充满喜悦和快乐的人生才能称为成功和幸福的人生。我们要有所"给予"，才能有所获得，我们的生命才能生长。

有一次，一位哲学家问他的一些学生："人生在世，最需要的是哪一件事？"答案有许多，但最后一个学生说："一颗善心！"那位哲学家说："在这善心两字中，包括了别人所说的一切话。因为有善心的人，对于自己则能自安自足，能去做一切与己适宜的事，对于他人，他则是一个良好的侣伴和可亲的朋友。"

一颗良好的心，一种爱人的性情，一种坦直、诚恳、忠厚、宽恕的精神，都可以说是一宗财产。百万富翁的区区财产，若与这些丰富的财产相比较，则是不足挂齿了。怀着这种好心情、好精神的人，虽然没有一文钱可以施舍人，但是他能比那些慷慨解囊的富翁行更多的善事。

假使一个人能够大彻大悟，能尽心努力地为他人服务，他的生命一定能获得事实上的发展。最有助于人的生命发展的莫过于在早年起，就养成善心以及懂得爱人的"习惯"。

尽管大量地给予他人以关爱、同情、鼓励、扶助，然而这些东西，在我们本身是不会因"给予"而有所减少的，反而会由于给人愈多，我们自己也有愈多。我们把关爱、善意、同情、扶助给人愈多，则我们所能收回的关爱、善意、同情、扶助也愈多。

人生一世，所能得到的成绩和结果常常微乎其微。此中原因，就是在关爱和同情的给予上显然不够大方。我们不轻易给予他人以我们的关爱、同情与扶助，因此，别人也"以我们之道，还治我们之身"，以致我们也不能轻易获得他人的关爱、同情与扶助。

常常向别人说亲热的话，常常注意别人的好处，说别人的好话，能养成这种习惯是十分有益的。人类的短处，就是彼此误解、彼此指责、彼此猜忌，我们总是依着他人的不好、缺憾、错误的地方而批评他人。假使人类能够减少或克服这种误解、指责、猜忌，能彼此关爱、同情、扶助，那么梦寐以求的欢乐世界，就能够实现了。

我们大多数人都是因为贪得无厌、自私自利的心理，以及无情、冷酷的商业行为，而致使目光被蒙蔽，以致只能看到别人身上的坏处，而看不到他们的好处。假使我们真能改变态度，不一味去指责他人的缺点，而多注意一些他们的好处，则于己于人均有益处。因为由于我们的发现，他人也能觉察到自己的好处，因而得到兴奋与自尊，从而更加努力。促使人们彼此间都有互助的精神，这种氛围一定可以使世界充满了爱和阳光。

世界上到处为那些无私的、肯爱人助人的人建立纪念碑。这种纪念碑不一定是用大理石或铜雕铸的，而是建立在人们的心灵之中的！

要在"善意与善事"上得到胜利。即便在职业上、在财产上失败，我们也尽可能不要在关爱、同情及助人上失败。

与人交往要显露真性情

误区：与人交往中要显露真性情，不必控制自己的情绪让自己难受。

每个人的情绪都会时好时坏。学会控制情绪是我们社交成功和快乐的要诀。实际上没有任何东西比我们的情绪——也就是我们心里的感觉——更能影响我们的生活了。

1. 伤　心

人们每有所失——例如友情、爱人和自尊心等——就觉得伤心。你觉得伤心时，应设法找出失掉的是什么，这种丧失对你有什么影响，所丧失的曾经满足你哪些需要，失掉了今后能在哪里取得补偿。

你觉得伤心，而且知道是谁令你伤心，应该怎么办？如果可能，就去找那个人当面直说他伤害了你，怎样伤害了你和为什么你有这种感觉。

2. 焦　急

人们在恐怕受伤害或有所丧失时就会变得焦急（忧虑、恐惧、紧张）。

如果你感到焦急,就应设法确定你害怕丧失的是什么——是不是别人的爱和照顾,是你对境况和对自己本身的控制,还是你自己做人的自尊心和价值感?想一想有什么能帮助你防止损失,或帮助你准备应变。不要因为想来太可怕而把它撇开。躲避你所怕的事,只会把事情弄得更糟,问题更难解决。

3. 愤 怒

被人得罪了,人们往往会发怒。你发怒的时候,要自问:"谁得罪了我?怎样得罪的?我对那个人说了些什么?我本来要说些什么?为什么我没有说呢?"

倘若有人触怒了你,立刻对他讲明,大多数人都会表示歉意而仍要和你继续做朋友。

4. 内 疚

愤怒不能适当发泄,就会掉转过来进攻你自己。一个人对自己发怒时,他就发生内疚而对每一件不顺心的事都归咎于自己。例如他可能以为自己未实现理想而使人失望。即使他觉得自己太无能而不敢替自己申辩,他还是可能会私下认为别人对他期望太高而愤恨他们。

你怎样对付内疚?只要记住大多数内疚来自压抑的愤怒,而愤怒又是因心灵受伤害而产生的,那么解决的办法应该是查出心灵所受的伤害,并找出造成伤害的原因,再把愤怒引回原来它应该发泄的地方。

一切情绪,尤其是不愉快的情绪,都必须等它消了才会好。动感情是消耗精力的。如果我们把精力花在驱除不愉快的心情上,便不会有精力剩下来应付生活本身的需要。

和朋友在一起可以随便开玩笑

误区:和朋友在一起无需拘束,可以随便开玩笑,这样才能增进友谊。

朋友之间相处,开玩笑是经常有的事。但开玩笑要适度,不能太随便,更不能违背礼仪。过度的玩笑常常会适得其反,引起不良的后果。

那么,这个"度"应如何掌握呢?

(1)要根据说话的对象来确定。人的性格各不相同,有的活泼开朗,有的大度豁达,有的则谨小慎微。对于不同性格的人,开玩笑就要因人而异。

①对于性格开朗、宽容大度的人,稍多一点玩笑,往往可使气氛活跃;

②对于谨慎小心的人,则应少开玩笑;

③对于女性,开玩笑要适当;

④对于老年人,开玩笑时应更多地注意给予对方尊重。

从总体上说,就是要看说话对象的特点和承受力如何,以不伤害对方的自尊心和让对方感到轻松、愉快为准。

(2)要根据说话对象的情绪来确定。同一个人,在不同的时间里可能会有不同的心境和情绪。当说话对象在生活或工作中遇到不幸和烦恼时,情绪就比较低落,这时需要的是安慰和帮助。如在这时去和对方开玩笑,弄不好对方会认为你是在幸灾乐祸。因此,开玩笑应选择在大家心情都比较舒畅时,或是在对方因小事而不高兴,并能通过笑话把对方的情绪扭转过来时为好。

(3)要按说话时的场合、环境来确定。在安静的环境中,如别人正在专心致志地学习和工作时,开玩笑会影响别人的学习和工作;在庄重的集会或重大的社会活动场合,开玩笑会冲淡庄重的气氛;在一些悲哀的环境中,如参加追悼会或去探望病人时,不宜开玩笑,这样会引起人们的误解。此外,在大庭广众之前,也应尽量不要打趣逗笑。

(4)开玩笑一定要注意内容健康,幽默风趣,情调高雅。切忌拿别人的生理缺陷开玩笑,把自己的快乐建立在别人的痛苦之上。同时,还要忌开庸俗无聊、低级下流的玩笑。开玩笑的内容应带有思想性、知识性和趣味性,使大家在开玩笑中学到知识,受到教育,陶冶情操,从中收到积极的效果。

给别人起绰号

误区:绰号是个性化的亲切称谓,起个绰号更好记,更亲切。

绰号即外号,它是根据别人的特点而人为产生的。有的绰号,如称中国女排名将郎平为"铁榔头",称英国前首相撒切尔夫人为"铁娘子"等,这是一种带褒义的美称,这是包括本人在内都乐于接受的。但是有的是针对别人的生理缺陷而带有侮辱性的绰号,这种专揭别人短处的绰号一定要忌起。

有脾气就发,不要忍

误区:人人都有脾气,有了脾气就发出来,不要忍,忍着伤身心。

在社交场合中随便发怒,会造成两种不良的后果:

(1) 对发怒的对象不友好,会伤了和气和感情,失去朋友、同学之间的友谊与信任。

(2) 对发怒者不利,一方面对本人的身体状况产生不良的影响;另一方面对发怒者的形象有不良的影响,人们会认为他缺乏修养,不宜深交。

在社会生活中,人们适应环境,并求得环境的认可和接受,也是一种本能的表现,它在社会交往中主要表现为与朋友、同学友好相处,不发怒或不发脾气,并从多方面克制自己。

首先,遇事要冷静思考。

其次,要多为对方着想,站在对方的角度考虑问题,从中找出自己的缺点,以便更好地修正自己的看法。

此外,对人要平和礼貌。每个人都有自己独立的人格和独特的个性,都有着各自的生活习性和兴趣爱好,都有着不受他人干涉的生活领域。尊重他人,事实上也是在尊重自己。对人平和礼貌,可以表现自己的修养、风格和气度,可以树立起自己良好的威信,可以赢得更多朋友的信赖和尊重。

有些人就是欠骂

误区:对于某些不像话的人,该骂就骂,无需客气。

恶语是指那些肮脏污秽、奚落挖苦、刻薄侮辱的语言。这些语言和现代文明极不相称，必须予以杜绝根除。

在社交活动中，为避免恶语出现，应注意以下几点：

（1）从自身做起，避免恶语伤及他人。

（2）临时回避，给对方以冷静思考的机会。有时，在对方脾气一触即发，可能会以恶语伤害自己时，最好回避，使对方找不到发泄对象，并逐步消火。这虽是对对方的一种"妥协"，但它可证明自身的修养，也给对方以冷静思考的机会，对双方都很有利。

（3）及时沟通，以消除彼此之间的矛盾。对有些人来讲，恶语有时很难避免，这就要分析恶语的原因，最好的办法，是在事情发生或有苗头之后，双方坐下来进行思想交流，以"有则改之，无则加勉"为指导原则，借以消除双方的误解或矛盾，避免恶语的再度出现。

 背后议论别人

误区：人人长着一张嘴，谁人背后不说人？谁人背后不被说？该说就说，无需隐忍。

人际交往，贵在一个"诚"字。那种在背后叽叽喳喳、飞短流长的做法，不仅会破坏同学之间的团结，伤害朋友之间的情谊，严重的甚至会酿成社会的不安定，同时也反映出一个人的品格低下。因此，在社交中，一定要注意以下几点：

（1）不要干涉别人的隐私。每个人都有属于自己的隐私。只要它不违背社会法律和公众道德，不损害他人利益和侵犯他人权利，这种隐私权理应得到尊重和保护。

（2）不要主观臆断，妄下结论。捕风捉影，无事生非，这些行为在人们的生活中并不少见，其结果是搅乱了人们的视野，增加了人与人之间的矛盾，损害了当事人的名誉。这是一种心理不健康的表现，甚至是道德败坏的表现。

（3）不要传播不负责任的小道消息。小道消息是没有经过证实的消息，它可能有一定事实，也可能毫无事实根据，但传播者一般都对此不负责任

地添枝加叶，以讹传讹，越传越离题，从而形成对人有攻击性的"风波"或"新闻"。

（4）对朋友的过失不能幸灾乐祸。当一个人在工作或生活中有一定的错误或误入歧途时，作为朋友，不应熟视无睹，幸灾乐祸，甚至当做茶余饭后的谈话资料，而应该善言相劝，指点迷津，帮助他迷途知返，这才是真正的朋友。

糊涂人吃亏

误区：事事都要精明些，否则就会吃亏上当。

清代郑板桥的"难得糊涂"四字一直被一些人视为座右铭倍加珍视。板桥先生表达的是一种对时政的愤懑心情，颇有无可奈何的心态。但在应酬圈中，"难得糊涂"却极有实用价值。

人们在社交中的心态是很复杂的。人人都希望在某些方面，至少也要在一个方面超过别人，以引起别人刮目相看，即不希望对方不停地炫耀自己，又不希望被别人揭短。总之，不希望比别人低三分。那么，较为熟识的人在交往中，因为"知根知底"，如果不"糊涂"一点，在言谈举止中，难免会不知不觉地"犯忌"，惹对方恼怒，甚至引出不必要的是非。

1. "忘记"自己

对自己的才能、成就"念念不忘"，总是挂在嘴边，动辄就"我曾经……"、"我已经……"、"我是……"，特别是对你的这些情况已有所了解的朋友之间这样说，别人就会认为你太爱炫耀自己，故意显出高人一等，容易遭人妒恨，甚至故意在以后的交往中刁难你。

通常，"忘记"自己，既能表现谦逊，又能使你的长处为人所知，有人可能会对你的才华、成就"刨根究底"，别人主动询问得知，会产生羡慕、敬佩的感觉。把注意力集中在谈话的对象，或正在进行的工作上，因为自我"忘记"本身就是一种优点，是谦逊的表现。只字不提自己，常常表明没有必要谈论自己。靠自己的所作所为，而不是靠谈论自己，来使别人了解自己的长处，就会备受赞扬——一方面由于自己的成就而受到赞扬，另一方面由于自己的谦逊、闭口不提自己而受到赞扬。

2. "忘记"别人

人人都有一些敏感的"禁忌"，因此，碰到"禁区"都要糊涂一点，该忘记的要忘记，而不要在无意中刺痛对方敏感的神经。譬如：

（1）如果你曾帮助过某人，不要在他面前提起此事，不然，他会产生"你是不是想让我一辈子都对你感恩"的想法，心中必然不快；

（2）如果你知道对方在工作中或生活上犯过错误，不要出于关心的目的主动问他这件事，这会让他觉得你是在有意揭短；

（3）如果你已知道对方高考落榜，或评奖落选，或提干未成，不要出于安慰的原因去宽慰他（除非是特别熟识的老朋友、至交），说不定他疑心你幸灾乐祸。

3. 当别人"欠"你时

别人"欠"你的（钱、情、理……），你虽然可以理直气壮地"索要"，但假如糊涂一些，也未必没有好处。

（1）别人欠你的钱财，催还时要郑重其事，而不要欲说还休、吞吞吐吐，让人觉得你天天把一点小事记挂在心上；

（2）别人欠你的情，你越显得"若无其事"，别人的感念程度越深，其效果越超出你付出的价值；

（3）别人错怪了你，输了理，你就当没这回事似的，别人心里更加愧疚，必当寻机弥补才心安。

4. 常思古人"糊涂"言

《战国策·魏策四》："事有不可知者，有不可不知者，有不可忘者，有不可不忘者。"

《三国志·蜀书·秦宓传》："记人之善，忘人之过。"

唐代张九龄《敕渤海王大武艺书》："记人之长，忘人之短。"

南朝萧绎《金楼子·戒子篇》："无道人之短，无说己之长；施人慎勿念，受恩慎勿忘。"

《意林》："君子不以所能者病人，不以人之不能者愧人。"（意思是君子不拿自己所擅长的方面去责难别人，不拿别人所不擅长的方面故意为难别人。）

只相信自己

误区：相信自己就是自信，人各有目的，别人的话不可信。

许多事情单靠自己是解决不了的。对这类事情，大部分人也只凭主观判断，而自以为千真万确。如果你也是这样的话，有一些办法可使你觉察到你的偏见。

如果截然相反的意见会使你大动肝火，这就表明，你的理智已失去了控制。这一点无须多说，你会下意识地觉察到的。假如有人坚持认为二加二等于五，或者冰岛在赤道上，你根本不会发怒，只是对他的无知感到惋惜——当然，如果你自己对算术或地理也一窍不通，这另当别论。只有那些双方都没有令人信服的证据的事情，争论才会最激烈。因此，无论何时都要注意，别听到不同的观点就怒不可遏。通过细心观察，你会发觉你的观点不一定都与事实相符。

了解与你不同社会范畴的人们的观点是克服主观、武断的妙法。假如你不能出外旅行，你就竭力寻找与你持不同意见的人相处，读点别的党派的报刊。如果你觉得这些人或报刊似乎缺乏理智、蛮横无理、令人厌恶的话，你就得提醒自己：在他们的眼中，你或许也是如此。在这一点上说，或许两方面都是对的，但不可能两方面都是错的。这种考虑问题的方法，应引起足够的重视。

如果你的想象力很丰富，那你不妨假设一下自己与持不同观点的人进行辩论。这种方法不受时间和空间的任何限制。例如，马哈德曼·甘地痛恨铁路、汽船及机械，如果有可能，大有要毁灭整个工业革命全部成果之势。也许，你根本不可能有机会真正同这种人辩论，但你可以设想一下，假如与甘地争论的话，他会如何驳斥你的观点呢？在这种假想的辩论中，有时会真的发现，对手的观点比自己的更正确，于是改变了原来的武断看法。

要谨防过于自尊。不论男女，十有八九都深信自己比异性优越。双方都有充分的根据。男性会说，大部分诗人、科学家等名人都是男的；女性会反驳，犯罪的也是男的多。事实上，是男性优越还是女性优越的问题现在还难以下定论。不过大部分人在这一问题上是自尊心在作怪。又如：无论生长在何处之人，都会据理力争，说本国比他国好。鉴于各国都有其自身的优缺点，我们得调整一下判断的标准以便说明己国所具备的优点是否至关重要，而相比较而言，缺点是否微不足道。

其次，判断这一问题并无绝对标准。人类本身还有一种过分的自尊。排除人类这种夜郎自大的心理状态的唯一办法是提醒自己，地球只是宇宙天体中一颗不足为奇的小星星，而人的一生在地球的沧桑变幻过程中只是一段瞬息即逝的小插曲而已。同时，还要提醒自己，宇宙间其他星球也可能存在着"人类"。

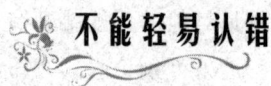 不能轻易认错

误区：认了错，对方就可能欺上头，甚至讹诈你，所以不能随便认错。

当你做错事时就勇敢地认错，不要因此做些无谓的辩解。"失败乃兵家常事"，这根本就不足为奇。而且，当你勇于承认时，你往往会得到更多实质性的好处。

我国有一家彩电厂，一次一位用户来信说："正看着电视，突然在荧光屏上出现一道白烟，随即图像消失了。"工厂经检查发现，问题发生在进口的滤波器上。有的同志算了一笔账，发现一年共卖出电视8万台，其中有40台出了毛病，返修率不过万分之五，远远低于国家规定的标准，完全可以不予理会。

然而，厂领导却认为，对厂里来说是万分之五，对用户来说却是百分之百。因此决定把卖出的8万台电视，全部为用户换下滤波电容器。但是，这8万台电视机已销到各个省、市、自治区，都挨个换下电容器谈何容易。有人主张给找上门的修理，没找上门的就算了。厂长不同意，由该厂在全国的126个维修点出面，在当地报刊电台上登广告，请买了这批电视机的顾客一律到维修点免费更换电容器。

最后经过核算，厂里拿出 100 万元作为修这批电视机的费用。表面上看，他们虽然在经济上受到一些损失，但却在全国赢得了对用户负责、质量第一的好名声，从而赢得了更高的信誉。

我们在日常交往中，也不乏这样的实例。虽然做错了事情要承认错误，但这其中也涉及了这样的问题：认错的艺术。

有关专家给出这样的一些意见：

1. 时机的选择

这是个重要因素。如果你认识到了自己的不对，你就应该立刻去道歉。当然，当对方心情愉快，时间悠闲的时候效果是会好一点的。但比如说，你今天犯错了，隔了几天才认错道歉的话，也未免太不应该了。因为事情过后你再去道歉，人们往往会怀疑你的真诚度。

2. 认错道歉要堂堂正正，不必奴颜婢膝

认错本身就是真挚和诚恳的表示，是值得尊敬的事情，大可不必为此一蹶不振。

3. 态度要诚恳，要坦率

当你有某件事想要对方谅解时，态度是很重要的。你应该坦率地向他说出这事中的缺点、错误，并表示改正，这才能证明你希望获得谅解的决心。

4. 敢于承担责任

既然是你已经做错了，就无须掩饰，勇敢地承担起责任才是获得谅解的最好办法。推卸责任或避而不谈，只会适得其反。

我们除了要在口头上有所表示，更重要的是在行动上来弥补。

通常，某家公司在开会前，都会配给出席者一些资料，但有一次却漏印了部分的资料，而这个错误是因为负责影印的新职员忽略所致。虽然这一部分资料对会议的进行并没有造成什么大的影响，但这位新职员将会受到上司的指责，这一点是毋庸赘述的了。

但是，这位新职员却对上司说："请你把资料再借我一下"，并且表示要重新影印，把完整的资料送给出席会议者。

这时，上司对该职员的能力重新作了肯定。这是因为不只是道歉，而且他想办法要补救的态度，令上司觉得他有强烈的责任感和诚意。当然，他并非有意这么做，但结果却给了上司一个好印象，因此可说他做了很好的自我表现。

对于犯错，当然是可免则免，这就要求在人际交往时，我们都应该加以小心对待，不应粗心大意，但对于一些无法改变的错误，你还可以这样向对方道歉："真是对不起，我知道不论我如何抱歉，也无法求得你的原谅，但是我希望有补救的机会，不论任何事我都愿意做。"相信当你这样表示的话，对方多半都会原谅你的，当然，你必须是真诚的。

抬高自己就得踩别人

误区：利益是有限的，争夺的目的就是"我多你少"，所以在利益面前不能客气。

每个人的能力都有一定限度，善于与人合作的人，能够弥补自己能力的不足，达到自己达不到的目的。

清末名商胡雪岩，不甚读书识字，但他却从生活经验中总结出了一套哲学，归纳起来就是："花花轿子人抬人。"他善于观察人的心理，把士、农、工、商等阶层的人都拢集起来，以自己的钱业优势，与这些人协同作业。由于他善于与人打交道，所以别的人也为他的行为所打动，对他产生了信任。他与漕帮协作，及时完成了粮食上交的任务；与王有龄合作，王有龄有了钱在官场上混，胡雪岩也有了机会在商场上发达。如此种种的互惠合作，使胡雪岩这样一个小学徒工变成了一个执江南半壁钱业之牛耳的巨商。

自己力量有限，这不仅是胡雪岩的问题，也是我们每一个人的问题。但是只要有心与人合作，善假于物，那就要取人之长，避己之短。这样能互惠互利，让合作的双方都能从中受益。

每年的秋季，大雁由北向南以"V"字形状长途迁徙。雁在飞行时，"V"字形的形状基本不变，但头雁却是经常替换的。头雁对雁群的飞行起着很大的作用。因为头雁在前开路，它的身体和展开的羽翼在冲破阻力时，能使它左右两边形成真空。其他的雁在它左右两边的真空区域飞行，就等于乘坐一辆已经开动的列车，自己无需再费太大的力气克服阻力。这样，成群的雁以"V"字形飞行，就比一只雁单独飞行要省力，也就能飞得更远。

人只要相互合作，也会产生类似的效果。只要你以一种开放的心态做好准备，只要你能包容他人，你就有可能在与他人的协作中实现仅凭自己的力量无法实现的理想。

有人说众人携手能做出更大的蛋糕。但是有些年轻人却信奉另外的一种哲学。他们认为，财富总是有一定的限度，你有了，我就没有了。

这是一种享受财富的哲学而不是创造财富的哲学。财富创造来固然是为了分享的，但是我们的注意力并不在这里，我们更关注的是财富的创造。

同样大的一块蛋糕，分的人越多，自然每个人分到口的就越少。如果斤斤计较，我们就会相信享受财富的哲学，就会去争抢食物。但是如果我们是在联手制作蛋糕，那么，只要蛋糕能不断地往大处做，我们就不会为眼下分到的蛋糕大小而倍感不平了。因为我们知道，蛋糕还在不断做大，眼前少一点，随后还可以再弥补过来。而且，只要联合起来，把蛋糕做大了，根本不用发愁能否分到蛋糕。

过去农村闭塞，获取财富极端困难，老百姓家中难得有一桌一椅一床一盆一罐，所以那时农村分家是件很困难的事情。兄弟妯娌间为了一个小罐、一张小凳子，便会恶语相向，乃至大打出手。这是一种典型的分财哲学。

后来人们走出来了，兄弟姊妹都往城里跑，财富积累越来越多。回过头来，发现各自留在家里的亲眷根本犯不着为一些鸡毛蒜皮的事生气。相反，嫂子留在家里，不妨代种一下属于弟弟的地；父母留在家里，小孙子小外孙也不妨照看一下。相互帮助，尽量解除出门在外的人的后顾之忧。反过来，出门在外的人也会感谢老家亲戚的互相体谅和帮助。一种新的哲学也就诞生了，这种哲学就是：你好，我也好，合作起来更好。

遗憾的是，有些大学毕业生大概是在校园呆久了，居然信奉这样的哲学：你必须践踏别人，糟蹋别人，利用别人。还有一些学生，自己拥有的资源不愿意与人分享，反过来，又想利用别人的资源，又不好意思张口。这样的心态是一种大的障碍，绝对不利于个人的成就与发展。

与人携手，把蛋糕做得更大一些。这样的话，你还发愁没得吃吗？

 老实人吃亏

误区：做人不能太老实，更不能处处讲真话，否则就会吃亏上当，被人利用。

人与人之间的交往既需要十分诚实，更需要言而有信，言行一致。中国古语有云，君子"一言既出，驷马难追"，这也说明了同样一个道理，且至今仍被我们引为行动的基本准则。

语言是人与人之间的重要交往媒介。如果我们在与他人的交往中言而有信，即使把握不了很高超的语言技巧，也能够通过一番努力取得交往的成功；如果我们在交往中失信于人，即使有如簧的巧舌，也无从取悦于人。所以，在今天的现实生活中，很需要我们有言必行，言行一致；很需要我们答应了他人什么事就负责去做，切不可以能言而不能行。

我们说话的一个重要目的是为了准确地表达出自己的思想、感情、意图等，因而，当我们对人说"明天中午我请你吃饭"时，决不可一说了之，更不可拿此类约言来敷衍他人。如果我们对朋友说"这件事我绝对帮你办了"，那么我们就要尽最大的努力帮他办好；如果我们没有把握，就最好不要给人以绝对的答复。

"我实在无能为力办好此事"，"我试试看吧"和"我绝对可以替你办到"，3种方式表达了3种程度不同的意义，这就要我们视自己的实际能力而选择应该说哪句话。如果我们明显有能力帮忙办到而却不积极为他人提供帮助，这固然不可取，但如果我们无视自己的实际能力，轻易答应别人而又轻易失信于人，那么，即使我们不是存心骗人，也会引起误会，甚至伤害他人的感情。

我们答应了别人的事，就要扎实履行，若万一因为不得已的原因而无

法做到时，我们应该及时通知他人，并诚恳地表达自己的歉意，来尽可能地予以补救。我们无法替人办事，承诺事情，还人钱财，借给他人东西等，都不可因自己的临时失约而令对方措手不及。同时，我们也不可在自己失约之后还为自己做种种辩护，即使在极不得已的情况下失约了，也应该坦白地承认自己的过失和诚恳地向人道歉。

失约而又事后据理辩解，以求证明自己毫无过失，无论理由多么充分，都很难博得他人的同情。另外，我们虽然偶尔能通过诚恳地向他人表示歉意来补救自己的过失，但切不可以此为借口或以此为手段来频频失信于人，否则，也是会成为他人所不愿结交、不欢迎的人。

做一个诚实的人，这是任何时代、任何社会都崇尚的美德。言而有信，不失信于人，这是一个诚实者的最主要的表现之一。因此，我们大家都要像珍惜自己的眼睛一样珍惜自己的诺言。只有做到这样，我们才能博取他人的信任，才能获得社交的成功。

语言艺术篇

心诚则灵，社交无需口才和技巧

误区：与人交往，人心换人心，心诚则灵，无需花言巧语和技巧。

社交中受人欢迎、具有魅力的人，一定是掌握社交口才技巧的人。社交口才的基本技巧表现在适时、适量、适度3个方面。

1. 要适时

说在该说时，止在该止处，这才叫适时。可有的人在社交场合上该说时不说，他们见面时不及时问候；分手时不及时告别；失礼时不及时道歉；对请教不及时解答；对求助不及时答复……反之，有的人该止时不止，他们在热闹喜庆的气氛中唠唠叨叨地诉说自己的不幸；在别人悲伤忧愁时嘻嘻哈哈地开玩笑；在主人心绪不安时仍滔滔不绝地发表宏论；在长辈家里乐不可支地详谈"马路新闻"……请设想一下，假如你在社交中遇见了上面这种人，你会对他产生什么样的印象呢？

2. 要适量

捷克讽刺作家哈谢克的名著《好兵帅克》里有一个克劳斯上校。此人以说话啰唆闻名。他有一段对军官的"精彩"讲话："诸位，我刚才提到那里有一个窗户。你们知道窗户是个什么东西，对吗？一条夹在两道沟之间的路叫公路。对了，诸位，那么你们知道什么叫沟吗？沟就是一批工人所挖的一种凹而长的坑，对，那就叫沟。沟就是用铁锹挖成的。你知道铁锹是什么吗？铁做的工具，诸位，不错吧，你们都知道吗？"克劳斯上校的这番话，虽然是作家加工过的，但生活中、社交场上说话啰唆的也不乏其人。因此说话适量也是社交口才的基本技巧之一。

适量既指说话的多少适当，也包括说话的音量适宜。应该指出的是，适量并不是都是少说为佳，更不是指那种语调没有变化的老和尚念经，适量与否应以是否达到了说话目的为衡量的标准。

请看下面几段话：

您看，这么晚了还来打搅您，真过意不去。您要休息了吧？真对不起，对不起……

我不同意这个意见！我明确表示不同意。不管你们怎么看，我就是不同意。

那不是我说的，我怎么会那么说呢？您想，我能说那种话吗？那确实不是我说的。

上面的几段话，初听起来似乎有些"废话"，但都是为了增强表达效果不得不说的"废话"，是有必要保留的语言的"冗余度"。第一段是表示道歉的话，重复几句显示了态度的诚恳；第二段话中的重复是为了表示说话人态度坚决和不容置疑；第三段则是说话人急于表白自己心情而采取的必要的重复。这种语言现象在社交场合经常出现。

由此看来，社交口才的适量，并不排除为达到说话目的的必要重复，而是指根据对象、环境、时间的不同，该多说时不少说，该少说时不多说。有的人自我介绍啰啰唆唆，说上半个钟头还不停，批评起来没完没了……这样既影响说话效果，又影响自己的社交形象。

适量的社交口才还包括声音大小适量。在大庭广众之中说话音量宜大一点；私人拜访交谈音量宜适中；如果是密友、情人间交谈，小声则可以表现亲密无间、情意绵绵的特殊关系，给人一种亲切感。这些都是在社交场合与人交谈应该掌握好的。

3. 要适度

1988年美国总统竞选，民主党在选民中造成了"布什是毫无独立主张的"这一印象，他们甚至称"布什是里根的影子"。在交谈时，民主党人总爱用挖苦的口气问："布什在哪里？"这个问题该如何回答才恰到好处呢？

布什的竞选顾问、老资格政治公关专家艾尔斯，为布什设计了一个回答："布什在家里，同夫人巴巴拉在一起，这有错吗？"

这一回答，体现了强烈的针对性和恰如其分的分寸感的结合，有很高的艺术性。试想，如果你在社交场上遭到别人挖苦时，就马上抓住对方弱点，给以迎头痛击，那将产生什么效果呢？也许你自认为是胜利者，可在别人眼里，你却是一个心胸狭窄不善言辞的人。而艾尔斯为布什设计的回答，却为布什的政治家风度增添了不少光彩。

社交口才的适度，主要是指根据不同对象把握言谈的深浅度，根据不同场合把握言谈的得体度，根据自己的身份把握言谈的分寸度。其次，体态语言也要恰到好处。

拒绝闲聊

误区：只和有用的人说话，没用的人不和他闲聊，浪费时间。

1. 得来全不费功夫

某市自来水公司经理于希慈有一个独特的本领——聊天。全公司870多名职工，有60%以上的职工他都"聊"过。他体会到，只要到群众中去聊一聊，就能找到一些解决困难的办法。深圳蛇口工业区，每月第一个星期二的晚上，年轻的厂长、经理凑到一起开"聊天会"。他们往往能利用聊天中得到的信息，使企业兴旺发达或转危为安。有一家帆布厂兴办不久产品销路就发生了困难。厂长亲自出马，差旅费花了好几千，还是没门。一个偶然的机会，他在与朋友聊天中获知某勘探队急需15件钻井塔衣，这一信息，挽救了一个濒临崩溃的工厂。真是"踏破铁鞋无觅处，得来全不费功夫"。可见，聊天实在是做思想工作、沟通信息、调节心理的一种较好方式。

2. 海阔天空任驰骋

"海阔凭鱼跃，天高任鸟飞。"我们可以借用此话来概括聊天口才的特点。

(1) 平等互惠，畅所欲言

聊天的参与者之间无长幼辈和上下级之分，地位相对平等。这就易于形成融洽和谐的气氛。在这种气氛中，谁也不受拘束，不受限制，大家推心置腹，相互信任，相互启发，相互给予，平等互惠，畅所欲言。如果交谈时唇枪舌剑，剑拔弩张，说话刻薄，盛气凌人，那是绝对"聊"不起来的。

(2) 形式不拘，场地不限

聊天不需要谁发出正式的邀请，大家自愿凑在一起便可"聊"起来。人数没有限制，少则两人，多则十几人。没有主持人，发言也无先后次序，想讲就讲，想停就停。聊天的时间没有规定，无话聊十几分钟便散了，有话可聊至深夜。参与者来去自由，想来便来，要走便走。聊天的场地也没有什么限制，教室、宿舍里、火车上、河边、公园、茶馆等都可以。

(3) 话题丰富，轻松愉快

聊天的话题丰富多彩，气氛轻松愉快。这也是它的一大特色。一般情况下，聊天并无事先确定的内容，也无需就某个问题得出结论或达成协议。因此，参与者的发言常常是即兴的，具有很大的随意性，凡是听到的、看到的、想到的都可以讲，比如：学习上的困难、个人的打算、童年的趣事、名人轶闻……聊天的场面往往呈现出谈笑风生、热闹非凡的情景。

3. 寻找话题

几个人在一起聊天，如果谁都感到无话可说，那是索然无味的。此时，如有善于寻找话题的人加入，便可打破尴尬局面，活跃交谈气氛。寻找话题可以从以下几个方面入手。

(1) 找共同点。有的人很善于从参与聊天的人的身上找共同点，并由此引出话题。同行可谈谈业务上的一些问题，同学可聊聊学校里的情况，年龄相近的人，身体状况、家庭情况也会有许多相似之处。从共同点找话题，说话投机，就越"聊"越对劲。

(2) 就地取材。聊天场地上的任何事件都可作为话题，问题是要善于发现。比如：墙上的字画、书架上的书籍、桌上的座右铭、一棵树、一种花……就地取材，信手拈来，往往会"聊"得轻松自在。

（3）循趣入题。要想聊天按自己的意愿进行，最后达到某个目的，循趣入题是一个诀窍。纽约有一家高级食品公司的总经理，很想出售面包给纽约一家大旅馆。于是，总经理作了一系列的努力：4年没有间断的每周一次的拜访，参加老板所参加的社交活动，请老板吃饭等。但是，这一切并没有感动"上帝"。后来总经理发现这位老板是旅馆业协会的主席，而且对协会的活动十分感兴趣，从不缺席。他高兴极了，第二天便跟老板"聊"起了协会的有关情况。奇迹终于出现了，过了几天，老板打电话叫总经理带着面包去议价。

4. 调节话题

聊天往往没有一以贯之的话题，而是随着参与者的兴趣经常变换。善于调节话题的人，能敏感地意识到某个内容不能继续"聊"下去了，并在适当的时机用适当的语言转换话题。一般说来，下列3种话题需要调节：庸俗的、乏味的、影响关系的。掌握了调节话题技巧的人，他或是用提问的方式，或是用暗语的方式，或是干脆单刀直入，总之，他能因势利导地使交谈照自己的想法进行。这种本领，只有口才好的人才具备。

不要违心地恭维和赞美别人

误区：实话实说，不要违心地恭维和赞美别人。

1. 赞美如阳光，人人不可少

父母经常赞美孩子，家庭气氛和睦、欢乐；领导经常赞美下级，职工的积极性、创造性不断被激发，被调动。赞美之于人心，如阳光之于万物。在我们的生活中，人人需要赞美，人人喜欢赞美。

这绝不是虚荣心的表现，而是渴求上进，寻求理解、支持与鼓励的表现。爱听赞美，出于人的自尊需要，是一种正常的心理需要。经常听到真诚的赞美，明白自身的价值获得了社会的肯定，有助于增强自尊心、自信心。

有的人吝惜赞美，很难赏赐别人一句赞美的话，他们不懂得多正面引导，多表扬鼓励，是思想教育工作的一条规律。给人以真诚的赞美，体现了对人的尊重、期望与信任，并有助于增进彼此间的了解和友谊，是协调人际关系的好办法。

人人皆有可赞美之处，只不过长处、优点有大有小、有多有少、有隐有显罢了。只要你细心，就随时能发现别人身上可赞美的"闪光点"。即使缺点较多或长期处于消极状态的人，只要稍有改正缺点、要求上进的可喜苗头，就应及时给予肯定、赞扬。要知道你不仅仅是在肯定、赞美某一个人，而是在为建设社会主义精神文明添砖加瓦。

2. 如何赞美别人

随便说几句人云亦云的客套话赞美一个人或一个集体，并不难，更不可贵。贵在真心诚意，难在确有实效。谄谀与捧杀，都是带糖衣的毒品。这种"赞美"，或言不由衷，或夸大到登峰造极、令人难以置信的地步，或无中生有、张冠李戴地夸赞对方并不具有优点、长处，甚至心怀叵测地夸赞对方的缺点、错误，以达到不可告人的目的。"语录不离手，万岁不离口；当面说好话，背后下毒手"，林彪在文化革命期间对毛泽东的赞颂，就是这种口蜜腹剑的赞美的典型。

上述种种"赞美"，都不是正常社交往来的手段，而是勾心斗角时用以讨好、利用或迷惑、麻痹对方的阴谋伎俩。对至爱亲朋的赞美，当然出于善意的鼓动，但往往不自觉地带有偏爱或捧场的倾向。你可以态度更热情，语气更热烈，但对人对事的评价决不能脱离客观事实的基础，措词也应当有一定的分寸。

身为领导干部或专家学者，如果要在大庭广众之中公开赞扬某个人或某个单位，更要经过长期考察、全面了解与深思熟虑，力求客观、公正，不夸大、不缩小、不走样。因为你的赞扬常常被当成权威性的评价，不仅关系到被赞扬者，而且可以影响社会舆论导向。

最有实效的赞美不是"锦上添花"，而应是"雪中送炭"。最需要赞美的不是早已美名天下扬的人，而是那些自卑感很强的人，尤其是其中被错当成"丑小鸭"的"白天鹅"。他们平生很难听到一声赞美，一旦被人当众真诚地赞美，就有可能尊严复苏，自尊心、自信心倍增，精神面貌焕然一新。对于任何一个人，最值得赞美的，不应是他身上早就众所周知的明显长处，而应是那蕴藏在他身上，既极为可贵又尚未引起重视的优点。

这种赞美，为进一步开发他潜在的智慧与力量开辟了一个新领域，有助于他在攀登事业高峰的征途上更上一层楼。内容明确，有特点的赞美，比一般化的赞美可贵，也更可信。与其空泛、笼统地赞美对方很聪明、能干，不如具体地赞美他办成的几件聪明事。这样才有助于他真正发现、发挥自己的长处和优势，激发起更强的上进心、荣誉感、自豪感。

赞美，不一定局限于对个人，也可包括对他所从事的职业，所属的民族、籍贯、国家，及至他工作的单位、就读的学校。这种对群体的赞美，在现代的集体社交活动中，具有特殊的公共关系效果。

有的人不习惯直接赞美别人，或不习惯被直接赞美，恰如其分的间接赞美，其意义与效果并不亚于直接赞美。如"严师出高徒"、"将门出虎子"、"名厂无劣品"之类的说法，就道出了间接与直接的关系。直接赞美劳动成果，往往就是间接赞美生产、培植出这硕果的劳动者。

3. 为自赞自夸正名

自赞自夸历来被贬抑。"王婆卖瓜，自卖自夸"一语，经常被用来嘲讽那些自赞自夸者。其理由为"桃李不言，下自成蹊"。你的瓜果好，不必自赞自夸，自然会有人络绎不绝地来采购。事实并非如此。如对人们以往从没有吃、穿、用过的新产品，不做一番赞美性的宣传，即使价廉物美，仍有可能无人问津。

毛遂若不勇于自荐，他这个人才就可能被埋没了。苏秦、张仪游说列国，苏秦鼓吹合纵，张仪宣扬连横，都是自赞自夸其外交方针、军事策略如何高明。就连孔丘周游列国，也不忘自夸其政治主张、教育思想。

由此看来，早在春秋战国时代的外交舞台上与上层社交场合，自赞自夸就已成为极普遍的正常现象。但在后来的民间人际交往之中，却形成了这种不正常的传统习俗：以自谦自贬为美德，以自赞自夸为狂妄。

在自给自足的小农经济社会，商品交换稀少，人际交往谨小慎微，自赞自夸无用武之地。但在现代化的开放社会，商品经济发达，人际交往频繁，而且新的物质产品、新的精神产品以及新的行业、新的知识、新的人才不断涌现。人们见所未见，闻所未闻。不自赞自夸一番，有谁知晓呢？今天，招标答辩、招聘口试、评定职称、推销产品等，全离不开自赞自夸。

我们要为自赞自夸正名。自信与自傲，谦虚与自卑，绝不能混为一谈。自赞自夸是以事实为基础，讲究说话的方式方法，进行适当的艺术加工；而自吹自擂则纯属不顾事实真相的吹牛皮、说大话。

自赞自夸，首先要实事求是，符合实际情况，符合科学规律。如夸大其词达到了违反生活常规的地步，反而事与愿违，只会降低其可信程度。

其次，自赞自夸应目的明确、有的放矢。招聘人才、购买商品，都有一定的规格、要求。你的优点非对方所需，你的长处非对方所急，自赞自夸就如同对牛弹琴。而要了解对方的所急所需，就必须事先对人才市场、商品市场进行调查研究，做到知己知彼，心中有数。

再者，自赞自夸既可以直接出自当事人之口，也可以转借他人之口，最好还辅以如奖状、奖品、名人评价、新闻传播媒介的表彰等旁证，以增强其可信度、说服力，同时避免直接自赞自夸过多，易引起听者的逆反心理。

最后，在自赞自夸的同时，不妨也承认还有待改进的不足之处。这样小贬大褒，既体现了实事求是的态度，也给人以较谦虚的好印象，并且无损于你整个形象的美好。

不要说人过错得罪人

误区：人人想听好听的话，不要轻易说别人的过错让人不高兴。

1. 金无足赤，人无完人

"金无足赤，人无完人。"人生在世，孰能无过？若有过错，即使有自知之明，不文过饰非，但对过失的性质、危害、根源等的分析反思，总不如众多的旁观者清。我们需要真诚的赞美，也需要善意的批评。赞美是鼓励，批评是督促；赞美如阳光，批评如雨露，二者缺一不可。

父母从不批评孩子，是溺爱；教师从不批评学生，是不负责任；朋友之间只有恭维，从无批评，不是良朋益友。至于那种会滥用廉价的表扬，从不敢开展批评的领导，更是处世圆滑、怕得罪人的平庸无能之辈；在他们所主管的部门、单位，必然坏人横行，歪风无阻，纪律松弛，人心涣散，工作、生产走下坡路。最需要批评的人，不一定会是那些缺点、错误多的人，更应包含哪些自视甚高、缺乏自知之明而又担负重任要职的人。他们坚持错误的危害性更大，更急需旁人批评、指出。

俗话说："打是疼，骂是爱，不管不问要变坏。"虽然其原意是指如何教育孩子，但推而广之，也说明了批评、监督、鞭策是一种关怀、爱护。任你有多少缺点、错误，与你无亲无故、毫无感情的人，只要不碍他的事，就只会漠不关心、不管不问。只有良师益友，才会抱着对你负责的态度，以诤言相告。

2. "良药"未必皆苦口

"良药苦口"、"忠言逆耳"的说法，经常被用来告诫人们要虚心接受批评，不应计较批评的方式方法。方式方法，被批评者不应计较，而批评者却应研究、讲究。医药科学发展至今，许多"良药"或包糖衣，或经蜜炙，早已不苦口。

语言科学发展至今，讲究批评的方式方法与语言艺术，也可做到"忠言不逆耳"，老少皆喜听。如何做到这一步呢？批评要善意，要尊重、理解、信任被批评者，对事不对人，以理服人。对事，也仅仅是对其缺点、错误，而不能抓住一点，不计其余，以致否定一个人的全部工作、全部历史。而且还要进一步分析其动机与效果。如动机良好，效果不佳，就要先肯定其良好的愿望，再批评不当之处，然后教给正确的方法。切忌在情况尚未调查清楚之前就发脾气、乱指责，更不能挖苦、讽刺、嘲弄，不能揭老底、算总账、搞人身攻击。因为那只会造成或加剧对立情绪，使对方顶牛、抬杠，或口服心不服，讲形式走过场地来个假检讨，但思想并未触动，事后依然故我。这种批评看起来火药味挺浓，其实际效果却微乎其微。

青少年涉世未深，思想上不成熟，经常出现这样那样的缺点、过失，这是难免的；即使曾经多次指出，他本人也表示愿意改掉的老毛病，稍不注意，又会重犯。对他们进行批评，最好语重心长地直接指出，不宜拐弯抹角，含含糊糊，使其误解了批评的意图。批评个性倔强的后进青年，宜以退为进，先肯定其一定的优点，再言归正题，指出其缺点、过失。只要从表情、动作观察到对方已有内疚之感，就没有必要强迫其当众认错。

对于自觉性较高、自尊心较强的成年人，对其缺点、过失，选择适当的时机、场合，略为提醒，或旁敲侧击，火候已到，就没有必要唠叨过多。至于在大庭广众的场合指名道姓地批评，更多的是为了顾全大局，从有利于工作出发，既要使对方知道其缺点、过失，又要维护其尊严、威信。这时，不妨以自责来促使对方深思反省，以自我批评的方式达到委婉、含蓄地批评对方的目的。

批评那些道德水平低下的蛮不讲理者，一味温情脉脉是无济于事的。当他正气势汹汹、像老虎屁股摸不得时，谁敢说他一句不是，就骂街、打架。对于这种人，首先就要以正压邪、理直气壮地指出："你就是错了！"待其良知略为恢复，火气稍有收敛，再软硬兼施与其论理。在严厉的批评之后，还应加以耐心的说服工作，最后在友好的气氛中结束批评。这种批评，即使有点"苦"，也像嚼橄榄一样，先苦后甜。

3. 巧用幽默

一般来说，在展开批评时，被批评者的心理常处于紧张、压抑的状态，特别是在上级批评下级、长辈批评晚辈时更为突出。它们或表现为焦虑、恐惧，或表现为对立、抗拒，或表现为沮丧、泄气……这些不正常的心理状态成为双方交流思想感情的心理障碍，大大降低了批评的实际效果。如果巧用幽默的语言，批评者含笑谈真理、讲道理，被批评者在笑声中微微红脸，从内心深处受到的是触动而非刺激，心情舒畅地接受教育，岂不美哉？

幽默不同于讽刺，虽然它们都具有引人发笑的效果，但讽刺的笑，辛辣、刺激、令人难堪；幽默的笑，轻松、温和、含蓄、隽永，有的还蕴含有深刻的智慧与哲理，引人深思，发人深省。巧用幽默的批评，往往以半开玩笑半认真的方式提出，先打破僵局，再转入实质性问题。即使对方一时还接受不了，也不伤和气，更不至于令对方难堪、丢脸。因此，出于善意的幽默批评，不同于尖刻的讽刺、嘲弄，这是由批评者的出发点及态度决定的。

幽默批评，不低级庸俗、不生搬硬套，思想感情健康，语言形象、生动，深入浅出，这是由批评者的思想修养、文化修养所决定的。陈毅担任新中国第一任上海市市长时，就常用幽默批评来正确处理党内党外的诸多矛盾，从而加强了革命队伍的团结与各阶层人民的团结，推动了革命事业的发展。

社交活动中的幽默批评，又不同于说相声、讲笑话，虽有幽默成分，但仍以严肃、认真为基调，气氛可宽松、活泼一点，决不能油腔滑调，否则就会冲淡批评应有的严肃气氛，影响批评的效果。因此语言的夸张、对比、谐音、谐趣，都要有一定的分寸。批评者可以面带微笑，但不宜捧腹大笑，更切忌指手画脚、手舞足蹈。

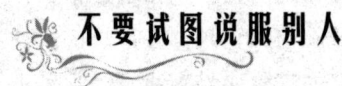 不要试图说服别人

误区：每个人都有自己的观点和看法，不要试图去说服别人。

1. 解决矛盾需说服

矛盾普遍存在，社交场合也无例外。解决矛盾，一般都通过说服，只有经过长期说服无效，矛盾性质又日益激化，才采取非社交的强制手段，但那仍然需要以说服作为辅助手段。说服不限于思想教育工作，传播知识、治疗疾病、经济谈判等，都离不开说服。即使志同道合的挚友之间，也不可能永远事事认识、见解完全一致；若要取得一致，就要通过说服。说服工作处处有，经常有，它的应用范围极为广泛。

说服别人动摇、改变、放弃己见或信服、同意、采纳你的主张，实质上是一场从精神上征服人心的战斗，但又不能使对方有丝毫被迫接受的感觉。一个人几十年形成的思想观点，一个民族千百年形成的风俗习惯、思维定势，你休想通过三五次苦口婆心的说服，就轻易改变。

一种崭新的学说、理论、观点、方法，即使已通过一定的实践证明其

正确性、科学性、合理性，但要深入人心，仍需经过长期、反复的宣传和说服。

说服需要耐心、韧性，要打持久战。但遇到特殊情况，也需要集中力量打歼灭战，速战速决。有的说服，三言两语，就说到了对方的心坎上，疙瘩迎刃而解；有的说服，越说对方越不服，结果不欢而散。这说明说服有一定的规律，是一门交谈、对话的艺术。教师、医师、律师、推销员、宣传员、外交官等，天天在做说服工作，一生以不断说服人为己任，更有必要探讨、研究说服的规律，掌握说服的艺术。

2. 道理、情感、利害

晓之以理，动之以情，衡之以利，是最常采用的说服方法。晓之以理，就是讲道理。简单的事情、小道理，用一两个典型事例，再加上简明、扼要的分析，道理就可以讲清楚。复杂的事情、大道理，涉及多方面的因素，触动一点就牵动全局，必须全方位、多层次、多角度地进行一系列的说服工作，从多方面展开心理攻势，并以严密的逻辑推理，如水到渠成地得出结论。

这个结论不宜由自己单方面推断出来交给对方，最好以征询意见的口气引导对方同你一起来推理，共同探讨得出结论。让他把你的意见、主张，当作自己寻求的答案，自愿接受，自动就范。这样的说服更高明，因为对于经过自己头脑思考发现的真理，人们更坚信不疑。

晓之以理，要满怀信心，争取主动，先取攻势。当对方已明确、坚决地表示"不行"、"不干"、"不同意"等之后，再说服他，就要付出加倍的努力。当然，争取主动仍要运用委婉、商榷的语气，切忌盛气凌人、以势压人。如果对方因此而产生逆反心理，再说服他，同样也要付出加倍的努力。

晓之以理，还要结合动之以情，通情才能达理。牧师布道宣传的是唯心主义的宗教，但因以情动人，往往能在催人泪下的同时，不露痕迹地对听众施加思想影响，使人不知不觉地接受其教义。这就是情感的力量。

对于形象思维强于逻辑思维的青少年儿童，对于多数平日没有深刻的理论思维习惯的人，以事比事，将心比心，运用其自身或熟人的经验教训，再加上感情色彩浓厚的语言，去进行绘声绘色的诉说，易令人感到亲切可信，引发情感上的共鸣，从而为接受道理扫清了障碍，铺平了道路。

所谓"衡之以利"就是权衡利弊得失，讲清利害关系。那些实惠观念很强的人，理难服他，情难动他，唯有"衡之以利"是切实有效的一招。且不论对国家、对社会的利害如何，就是只从个人实实在在的得失考虑，他也应趋利避害，以接受你的说服为上策。那些明事理、重情义的人，并不过分讲究实惠。但你仍应设身处地充分考虑对方的切身利害、实际困难。在此基础上进行说服，才称得上是真正的通情达理，也更令人心悦诚服。

人生在世，要求得生存与发展，必然有各种各样的正常需要，如果丝毫不考虑对方的合理需要，双方交谈就没有共同的语言，说服就无从谈起了。如果看准了对方的需求，说服就能有的放矢，确有成效。

3. 说服与批评的异同

说服与批评之间，既有相似相通之处，又有相异相悖之处。这是两个有部分外延交叉重叠的概念。说服与批评，都有对人施加思想影响，从心理上征服人的意图。批评常辅以说服，离不开说服；说服有时也带有批评，但不一定都带批评。如推销产品时，一般都是向对方大讲好话，极少有批评顾客、买方的。被批评者，一般都有缺点、错误。批评的目的就是为了帮助对方改正。

说服人接受你的主张，总要或多或少能给对方带来一定的精神上或物质上的好处。说服的过程，就是宣传这种好处，令对方信服。被说服者不一定有什么缺点、错误，他放弃的主张与接受你宣传的主张，不一定有正误之分，可能只有全面、完美的程度之别。

批评的态度较严肃或严厉，说话的语气也较重、较强硬；说服的态度较温和，说话的语气较轻、较委婉。批评的话语，贬义词多于褒义词，否定词多于肯定词；说服的话语，褒贬皆可。

根据说服的对象与内容的不同，有时褒多于贬，有时贬多于褒。如果进一步仔细分类，说服还可以再分为批评性说服与赞美性说服两类。接受批评，可能会属于自觉自愿，也可能多少带点勉强；接受说服，完全是自觉自愿，不带任何勉强。

民主空气浓厚，解决矛盾纠纷，统一思想认识时，说服多于批评，协商多于命令，其结果是人际关系和谐，人心团结向上，社交往来活跃。反之则人际关系紧张，人心貌合神离，社交生活沉寂。虽然说服与批评皆不可少，但我们希望在一切社交场合，说服多一些，批评少一些。遇有矛盾分歧，尽可能多采用说服手段。

不好意思拒绝别人

误区：别人有求于你，即便做不到也总是不好意思拒绝别人。

1. 难以回避的遗憾

人的要求永无止境，合理的悖理的并存；大千世界，要求各种各样，现在就能办到的，将来才能办到的，永远办不到的，都有人不断提出。"有求必应"4个字，只能挂在庙里显神威骗人，却无法拿来显神通广结社交。该拒绝的，就得拒绝。如果当场不好意思说个"不"字，轻易承诺了自己不愿、不应、不必履行的职责，事办不成，以后更不好意思见人。

拒绝是令人深感遗憾的，却又是难以回避的。有的至亲好友，轻易不开口求人，偶尔万不得已求你一次，不幸竟然遭到拒绝，轻则失望、伤心，重则大发雷霆。有的患难之交，曾经在你困难时鼎力相助；如今有求于你，你心有余而力不足，但他不相信，指责你是忘恩负义。有的恳求极为合理，早就该办了，但由于受到诸多客观条件的限制，一拖再拖，目前还解决不了。

2. 原则要坚持，方法要灵活

不能接受的要求，不必回答的问题，不迁就，不犹豫，一定拒绝。口气可以委婉，态度决不含糊。切忌模棱两可，使对方产生误解，仍抱有不切实际的幻想，既耽误他的事，又给你继续增添不必要的麻烦。但是，拒绝的方式要灵活多样。

当你遇到敏感的问题或难以承诺的要求，首先要不焦不躁，沉着冷静，机智应对。对于无理的要求或挑衅性的提问，既可采取以主动出击为主的攻势，也可采取以防卫为主的守势。攻势有反守为攻与以攻为守。

所谓反守为攻即不但不回答对方的提问、要求，反而回敬他一个难以答复的问题、要求；所谓以守为攻，即诱导对方自动收回他的要求，或自动否定其要求你作出回答的必要性。

3. 给对方以希望

不给对方以幻想，但应给对方以希望。一个人被拒绝以后，仍有希望，就有盼头、奔头、干头，不仅有助于减轻、消除遗憾感，而且还能促使人振奋向上。

如果合理的要求一时还不能解决，不妨如实告诉对方，经过努力，待条件具备了问题就会迎刃而解。如属于经过对方的主观努力可以创造的条件，拒绝与鼓励相结合进行，拒绝就有可能转化为动力；如属于受多方面客观条件的限制，非个人的主观努力所能改变，也应给对方以希望，而不能令人绝望。

所谓给予希望，绝不是说空话、许空愿，而是在拒绝之后，再做一些必要的善后说服工作，使对方感到虽然某个要求未能满足，但工作还是有意义的、生活还是美好的。一拒了之与许空头愿都是对人冷漠无情，对事不负责任的表现。拒绝之后，给了希望、鼓励，使对方体会到了你那火热的心肠、殷切的期待，这份情谊仍然是可贵的。

远离倒霉和不幸的人

误区：倒霉的人总是倒霉，远离倒霉蛋，不要让自己沾上晦气。

人生的道路不平坦，逆境常多于顺境。不幸的事，人人难免。身处逆境，面对不幸，当事者不仅本人需要坚强起来，也迫切需要别人的安慰。人是社会的动物、合群的动物、有感情的高级动物。痛苦再加孤寂，痛苦倍增；痛苦有人分担，痛苦减半。

1. 安慰如同"雪中送炭"

"患难见真情"，安慰如"雪中送炭"，能给不幸者以温暖、光明、力量，帮助他分担痛苦、减轻精神重负、重振前进的勇气。

给予不幸者以安慰，是为人处世的一种美德；当至亲好友遭到不幸时，及时送上真诚的安慰，更是你应尽的责任。

探望身患重病的不幸者，不必过多谈论病情。有关的医疗知识，医生已有交代、说明，无须你再多言。如果对方本来就背着重病的精神包袱，你再谈及过多，势必包袱加重。你应该多谈谈病人关心、感兴趣的事，以转移对方的注意力，减轻精神负担。如能尽量多谈点与对方有关的喜事、好消息，使他精神愉快，心旷神怡，更有利于早日康复。医生送去治疗身体的良药，亲友送去温暖人心的情感都是根治重病必不可少的。

对于因生理缺陷或因出身、门第被人歧视的不幸者，由于不幸的原因有些是先天的，并非全是人为的，劝慰时应多讲些有类似情况的名人的模范事迹，鼓励他不向命运屈服，抵制宿命论的思想影响，使他坚信只要充分发挥人的主观能动作用，仍然能够争取人生的幸福，实现人生的价值。

安慰丧亲的不幸者，不要急于劝阻对方的恸哭，强烈的悲痛如巨石积压在心头，愈久愈重，不吐不快，让其宣泄、释放出来，反而如释重负，有利于较快恢复心理平衡和平静的状态。你应当注意倾听对方的回忆、哭诉，并多谈谈死者生前的优点、贡献，人们对他的敬仰、怀念。死者的生命价值越高，其亲属就愈感宽慰，并有可能化悲痛为力量，去发扬死者生前的优点，去完成死者未尽的事业。

对于胸怀奇志而又在事业上屡遭挫折、失败的不幸者，最需要的是对其强烈的事业心的充分理解、支持。对于他们，理解应多于抚慰，鼓励应多于同情，怜悯是变相的侮辱，敬慕是志同道合的表现。你不必劝慰对方忘掉忧愁、痛苦，更休想说服对方随波逐流，放弃他的理想、追求。

最好的安慰，是帮助对方总结经验教训，分析面临的诸多有利不利条件，克服灰心丧气的情绪，树立必胜的信念，并共同探讨到达事业顶峰的光明之路。这就要求你对他所从事的事业有一定的了解，称得上是名副其实的知音。

我们的人民是富有同情心的人民，中华民族是勤劳、勇敢、善良、重情义的民族。在我们民族的语言中就有如"比上不足，比下有余"、"谋事在人，成事在天"、"塞翁失马，焉知非福"、"大难不死，必有后福"、"失败是成功之母"等一大批专用于安慰、鼓励不幸者的谚语、格言、典故，在民间流传千百年至今仍然经常被用来安慰不幸者。

2. 要同情，但不要怜悯

同情，就是设身处地、将心比心、感同身受，把别人的不幸当成自己的不幸，从感情上产生共鸣。但彼此应站在完全平等的地位上交流思想感情，给对方以精神上、道义上的支持，并分担对方的感情痛苦。有时，同情还可以包含着敬佩、敬爱、敬仰之情。

同情是一种真心实意的善心。怜悯，不是平等的思想感情交流，不是精神上、道义上的敬赠，而是一种上对下、尊对卑、富对贫、强者对弱者、胜者对败者、幸运者对不幸者的感情施舍。施舍着对被施舍者，有意无意地流露出一种幸运感、优越感，或多或少有轻视、小看对方的意思，包含有伪善的成分。

同情的话语，有劝慰有鼓励，语气低沉而不乏力量，而且尽量不当面说出"可怜"、"造孽"等词语。怜悯的话语，只有一味的悲伤，语气低沉、无力，而且把"可怜"、"造孽"等词语经常挂在嘴边，仿佛在欣赏、咀嚼对方的痛苦。

对于事业心强、自尊心强、个性强的强者，对于一切真正的男子汉、女强人乃至有志气的少年，无论其处境多么不幸，怜悯都是一种变相的侮辱，只会刺伤他们的自尊心，激起他们的反感，从而从心理上拒绝接受。对于老幼病残与弱者，单纯的怜悯也只能促使他们沉溺于悲痛、绝望的深渊而难于自拔，更谈不到振作起来，从软弱变得坚强一些，向不合理的世道、不公平的待遇、不幸的命运进行必要的抗争。

在感情的海洋中，同情是盐，怜悯是污泥。安慰需要同情，但不要怜悯。

3. 谎言有时胜过真话

谎言不一定是坏话，真话也并非是百分之百的好话。

离开了具体的时间、地点、条件，忽视了动机与效果的统一，以绝对化的好坏来衡量真话谎话，就不符合对立统一的辩证法原理，也失去了判断是非的客观标准。善良的谎言，有时胜过不该说的真话。

对于身患绝症的病人，只能把病情如实告知其家属，而对患者本人，仍应重病轻说,并经常祝他早日康复,以便他平静地度过一生最后的岁月。如果谎言居然唤起了他对生活的热爱,增强了他同病魔斗争的意志,就有可能使生命延续得更长久,甚至战胜死神,真正恢复了健康。医学史上不乏这样的人间奇迹。

对于本来就感情脆弱、意志薄弱、身体虚弱的不幸者,其心灵已经伤痕累累,不堪重负。如果再传来噩耗,就有可能因承受太沉重的打击而一蹶不振,甚至危及生命。如果遇到这种特殊情况,与其立即如实相告,还不如暂时隐瞒真相,然后逐步旁敲侧击,待对方已有一定的思想准备,再实言相告,并加以劝慰。

善良的谎言,其用心当然也是善良的,即为减轻不幸者的精神痛苦,帮助不幸者重振生活的勇气。当事人以后明白了真相,只会感激,而不会埋怨。即使当时半信半疑,甚至明知是谎话,通情达理者仍感到温暖、宽慰。因为他是被关怀、爱护,而不是被欺骗、愚弄。明知会加重对方的精神痛苦,仍要以真话相告,如果不算坏话,也该算蠢话。即使不怀恶意,至少也是不明智的。

当然,社交生活中真话应该永远占主导地位。只有万不得已时,才用善良的谎言安慰人。凡是安慰的话语,无论真话谎话,最好身体距离较近,以示双方关系的亲近,并且语气较轻、声调较低、语速较慢,如春雨甘露滋润伤痕累累的心田,以利于对方剧痛的心情尽快恢复平静。

道歉是很丢面子的事情

误区:做错了事情不要急于道歉,道歉是很丢面子的事情。

1. 错了,就及时承认

如果你错了,就及时承认。与其等别人提出批评、指责,还不如主动认错、道歉,这样更易于获得谅解、宽恕。凡是坚信自己一贯正确,发生争端总是武断地指责对方大错特错,从不认错、道歉的人,根本交不到朋友,或难以交友,永远缺乏知心人。

有些青年人有错就千方百计抵赖,甚至谩骂敢于提醒他注意的人,那绝不是什么"英雄本色",只能算流氓行为。

领导认错不会丢脸、丧失威信,反而有利于维护面子、提高威信。有错就承认,并勇于主动承担责任的领导人比自夸一贯正确,有错就把责任往下推的领导人更有威信,更深得下级的信赖、拥护、爱戴。

真心实意的认错、道歉,就不必推说客观原因、做过多的辩解。即使确有非解释不可的客观原因,也必须在诚恳的道歉之后再略为解释,而不宜一开口就辩解不休。否则,你对自己的错误实际上是抱着抽象否定、具体肯定的态度,这种道歉,不但不利于弥合双方思想感情上的裂痕,反而会扩大裂痕、加深隔阂。

道歉需要诚意。双方成见很深,当对方正处在火头上,好话歹话都听不进时,最好先通过第三者转致歉意,待对方火气平息之后,再当面赔礼、道歉。有时当务之急不是先分清谁是谁非,而是要求双方求同存异,去对付共同面临的困难或"敌手"。如果双方僵持不下,势必两败俱伤。如果一方先主动表示歉意,就有可能打破僵局,化紧张为和谐,乃至化"敌"为友,双方合作共事。

诚心诚意的道歉,应语气温和、坦诚但不谦卑,目光友好地凝视对方,并多用如"包涵"、"打扰"、"指教"等礼貌词语。道歉的语言,以简洁为佳。只要基本态度已表明,对方已通情达理地表示谅解,就切忌啰唆、重复。否则,对方不能不怀疑你在以小人之心,度君子之腹,唯恐他不谅解。如果我们每个人都能错了就及时承认,不必要的矛盾、纠纷就会大为减少,整个社会的人际关系也会和谐得多。

2. 没有错,有时也道歉

明明没有错,也赔礼、道歉,这不是虚伪吗?不是卑怯吗?不。没有错,有时也需要道歉。如纯属客观的原因,比如气候变幻无常、意外的交通事故等,使你无意失信,给对方带来一些麻烦、损失,为什么不可以道歉呢?

一味归咎客观原因,对方口头上不好责怪,但心情总是不愉快的,就不利于增进友谊。如果你有事求助于人,对方尽了最大努力,由于受多方面条件的限制,事未办成,但他为此付出了艰巨的劳动;或事虽办成了,但对方付出的劳动,给他带的麻烦,比你原先预料的要多得多。凡通情达理者,岂能毫无内疚之感,不说几句发自肺腑的道谢兼道歉的话呢?这体现了你对他人劳动的尊重，而且以后有求于他，也好再开口。

对方不听你的劝告，闯了大祸，并已给他本人带来了生命、财产的巨大损失，他正沉浸在悲痛之中。此时此刻，你决不能急于批评对方的错误，更不能埋怨他不听你的劝告，而应先表示慰问，再加上歉意，因为事先你没有再三极力劝阻。以后，再利用适当的时机、场合，双方共同来总结经验教训。

凡通情达理者，必然会对你万分感激，并把你当成可信赖的知心朋友。你与对方素不相识，但双方的亲属或前辈曾有过宿怨，这本与你毫不相干，更不能把这笔账算在你的头上。但在纵横交错、恩怨交织的复杂人际关系网络之中，至亲好友的亲友，往往就是理所当然的朋友。"对头"的亲友，虽不一定被当成"对头"，但在双方尚缺乏一定的交往、了解之前，起码是不可轻信的。初相识时，你主动表示歉意，就有助于较快消除对方可能有的隔阂、戒心，加强彼此之间的理解、信任及合作，从而达到化"敌"为友的目的。

这些没有错误的真诚道歉，无论在个人、单位、国家之间的社交或外交往来之中，都是极为正常的表现，并且说话应坦然自若，不卑不亢，不必卑躬屈节、低三下四。这是道歉者的伟大人格、博大胸怀、远见卓识及社交艺术在口才方面的具体表现。在这个方面，已故的周恩来为我们树立了光辉的榜样。

大家都很忙，没有时间听对方啰唆

误区：有些人很啰唆，大家都很忙，没有时间听对方啰唆，对于啰唆的人，可以不予理睬。

倾听对方说话是最基本的礼貌，以下3种情况需要我们认真倾听：

（1）对方的谈话表明问题是由你引起的。也就是说你与对方所谈的问题有关。例如："某某同学，你昨天没有锁上教室门就走了，我对此感到恼火！""小王，昨天你没有打招呼就不来给学生上课，我班同学有些意见。"在这种情况下，你不仅要倾听，而且你还要作一些其他表示，你需要对自己的行为做出承认、解释，或表示歉意。这时，你如果能认真倾听，准确地把握问题的症结，那么你就能作出恰当的应答。

（2）对方找你谈话的目的是想得到你的帮助。例如："老师，尽管我复习很认真，可这次考试成绩还是没上去，我不知如何是好，您能给予指导吗？""医生，吃了这种药，我的病还是不见好转，还有什么更好的药吗？"在这种情况下，开始时，你仍需要认真地倾听，以便准确地理解对方所提出的问题。当你一旦理解问题的中心，尤其是此人对你的帮助具有合理的依赖性时，你根据对方的请求，表示在可能的情况愿意为他提供帮助，从而完成了你的应答。

（3）对方所谈的问题与你没有联系，既不是责备你，也不是请求帮助，而只是向你诉说自己对某事的忧虑。这种情况在现实生活中是常见的。例如："我的孩子没能考上大学，我感到很烦。""我们老板又找来一个秘书，此人挺会来事，我今后不知如何是好。"在这种情况下，对方对你的要求就是认真地倾听，因为对方只是想发泄心中的不满或吐出心中的不快。

在这种情况下，你对此作出的应答或许能促进对方对所遇到的问题更深刻、更准确的理解，使对方受到启迪，从而帮助他解决所面临的问题；或许你应答得不恰当，会引起对方更多的问题与烦恼。

因此，在这种场合下，你应该做的首先是认真倾听他的问题，并给予关注和理解，以缓解他的不良情绪，接着再根据情况，尽可能地给予适当的启迪与帮助。

任何场合都给朋友面子

误区：一定要给朋友面子，如果不给朋友面子就无法做朋友。

这一问题很重要，也可以理解。如果在利益面前友情还能存在，大概只有古时的管仲和鲍叔牙真正地做到了。

生意场中，朋友借钱是很难应酬的。应酬不好就滥用了友情，把友情渗透进了经济交往中，用文雅的语言来说，是把友情抵押给了金钱，最后金钱吞噬了友情。因为友情不能抵押，抵押过的友情如同修补过的脸盆，无论你怎么视而不见，它都让你忘不掉。

所以，友情很伟大，友情又很脆弱，在经济生活中我们绝对不能滥用友情。正因如此，许多成功的商人都抱定了一个宗旨——不和朋友做生意，因为友情不容投资，和陌生人做生意能交上朋友，和朋友做生意会失去友情。

可是，事实上，我们都生活在发达的商品经济社会里，任何类型的社会关系都不能脱离商品经济关系而存在，友情自然也不例外，它正受着现代经济关系的挑战。

我们如何应酬这种挑战呢？也就是说，在日益复杂的经济交往和人际关系中，如何捍卫我们的友情呢？

1. 不要为友情而抵押面子

朋友之间开口借钱是最平常的事，因为是朋友，谁都有向朋友开口的事，朋友就是要相互帮助。当然，许多人都能做到好借好还，但也有各种原因，总有人不按时归还，或根本就不能归还。有的人甚至在借出之前就知道，这钱已丢在水里了。但不借吧，又碍于情面和友情，觉得对不住朋友，真是左右为难。

这个时候得问清楚，朋友用钱做什么，如果是生活所必需，用于衣食住行，那义不容辞，当然借，没偿还能力也必须借。反之则不然，因为他已经失去了最起码的信用，如果再去冒险做生意之类的事情，就必须拒绝。

你可以给予一定数额的馈赠。如有人向你借5000元钱，而他没有多少偿还能力或信誉不佳时，你可以主动资助他300元或500元，并言明，他可以不用还了。这样看来你吃亏了，但实际上你失去的并不多。

首先，由于你的无偿资助保护了你的友情，可能还加深了这种友情。其次，你也能避免更大的损失。因为有些借款是要冒大风险的。有一个人，他这样借钱。当朋友介绍他结交另一个朋友，他主动打电话交谈，这自然加深了友情。一天，他突然找到新结交的朋友，很随意地提出借钱，朋友也很自然地答应借了他1000元。他说一周后一定还，果然如期偿还。他的信誉就得到了保证。过了没多久，他突然找到那位新朋友，一副十万火急的样子，开口就要借5000元，并说一周准还，有他前一次的信用在先，朋友当然帮忙，结果人去钱空。这便是一种诈骗了，利用友情的诈骗。

有位台湾作家说过，借钱给你的朋友，就意味着可能失去一个朋友。据说钱钟书先生就用这个办法对待朋友借钱的，如果你向他借500元，他会说："我给你200元，你不要还了。"

2. 立契约

大众传统的友情观是，你的就是我的，我的就是你的，或都是朋友，好说。说的潇洒听的欢快，但其实不然，得重视"立字为据"，来个先小人后君子，否则往往为友情埋下了"翻脸"的导火线。

做生意的朋友都有过同朋友合伙的体验，生意好做，伙计难处，民间早已有了定论。一般人都有这样的经历，在经济交往中，如果与一般的人有什么金钱交往，往往都会想到立个字据，而和朋友间的交往，谁也不愿提及或根本就想不到字据这个说法，这事实上都是这个心态的反应。

现代社会是个法制社会，朋友间的任何交往也要接受法律的制约，我们的友情也要适应这个法制的社会。作为朋友，作为友情的载体，我们必须转换心态，不要让友情为我们承担太多的负担。

学会运用合法的手段维护友情，这是现代应酬成功的契机之一。

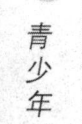 话不投机半句多

误区：对于话不投机的人，无需多言。

如果你的谈话是有目的的，就不能因为话不投机就放弃交谈，我们可以通过别的方式让交谈顺利进行。

1. 关注对方的兴趣，不忘自己的目的

与人交谈的方式有多种，但都要以自己的目的为中心，因此，要时刻关注对方的话题，并有效地引导他。例如在对方讲话时，你要表现出你的兴趣，你可以提问，有时提出疑问是必要的。一般说来，只要时间充分，在讲话者叙述过程中，你的疑问会得到解释。如果你有一些疑问，应在对

方讲话停顿时提出来。在对方讲话告一段落时提出疑问，效果更好。在对方讲话时，你要想到你周围的情况时刻在变化，你接触的人也时时在变化。因而，你必须在该自己讲话和该倾听他人讲话上，作出正确的判断。

2. 一定要对他人的需要和他人感兴趣的方面，予以充分的注意

他人是否肯跟你讲话，实际上取决于你的态度。如果你有倾听对方讲话的集中力，并且向对方传达他的讲话为你带来的乐趣，人们都会自发地愿意跟你一起做事，或乐意帮你做事。

在对话中，你表现出对他人的话题有极大兴趣，并任由他用自己喜欢的速度、节奏，对方知道了，会非常满足，并在你面前敞开心扉说话。你适当说话，同时两眼炯炯有神，听得津津有味的话，你一定会大受欢迎。

3. 引导对方进入话题

在许多场合，常会看见这样的情况，一方在拼命地说，一方守口如瓶，这更让讲话者和听话者讨厌。这种情况下，你一定要学会有步骤地引导对方进入你的话题。

首先，要先讨论容易解决的问题，然后再讨论容易引起争论的问题。如果能把正在争论的问题和已经解决的问题连成一气，就较有希望达成协议。彼此的期望和双方谈判的结果有着密不可分的关系，事前伺机传递消息给对方，可影响对方的意见，进而影响谈话的结果。假如同时有两个讯息要传递给对方，其中一个是使人喜悦的，另外一个较不合人意，则该先让他知道那个较能使人高兴的消息。在双方谈话有分歧的时候，如果双方处境都相同要比强调彼此处境的差异，更能使对方了解和接受。另外，也可以强调合同中有利于对方的条件，这样才能使合同较易签订。

有的人往往先透露一个使对方好奇而感兴趣的消息，然后再设法满足他的需要。这种讯息千万不能带有威胁性，否则对方就不会接受了。一般来说，说出一个问题的两面，比单说出一面更有效。你要在讨论过程中等对方提出反对意见后，再提出你的意见。你要记住通常听话的人比较记得对方所说的头尾部分，中间部分则比较不容易记清楚。而结尾要比开头更能给听话者留下深刻的印象。在需要达成协议时，与其让对方作结论，不

如先由自己清楚地陈述出来。为了说服对方，也可重复地说明一个消息，这样更能促使对方了解、接受。

总之，理想的面谈是在两个人相互妥协，相互交流，相互观察中进行的。双方有着驱使人类特有的能力，获得相互交流经验和意见的喜悦和为之感动的自由。

立刻反击别人的攻击

误区：如果有人攻击你，就要立刻反击。

当遭受别人攻击的时候，有修养的人常常能够在极度愤怒的情况下有效地控制自己，从而赢得好的口碑。如果你想成为这样的人，那么你就要思考这样一个问题：如果有人公开揭你的隐私，讥讽你的缺点，甚至公然侮辱你的人格，你会怎么办？

如果一受到侮辱或攻击，就显得急躁不安，恼羞成怒，并立即予以反击和辩解，这样你就中了对方之计，使自己成为争吵的中心。随着争吵的升温，你的火越来越大，情绪越发失控，头脑更不清醒，更难找到摆脱困境的途径。

对付这种局面，愤怒是不能解决问题的，沮丧只能使对方高兴，唯一可取的是保持冷静。冷静，不仅是指保持情绪的平静，不急，不气，不发火，不冲动，不感情用事，而且是一种积极的，由静转动的心理活动过程。

冷静的第一步，即不冲动，不感情用事，目的就在于使自己能客观地从对方的攻击中找出他的不符合事实、不近情理之处，抓住他的弱点，分析他的目的，采取对策，或加以揭露，或予以反击，或以退为攻，使自己由劣势转为优势，化凶为吉，反败为胜。

反击的方法很多，如"你打你的，我打我的"，不让人牵着鼻子走，也是颇为有效的一种方法。然而最重要的是诚实和勇气，对于一个敢于当众承认错误的人，人们对他只会产生尊敬之感，若对方再抓住不放，对方就会受到大众的指责，此时再来反击，力量就更大了。这样不仅可避免受辱，还使对方处于狼狈的境地。

你可以想象你最不满的人站在你的面前，或画一张他的素描，然后用轻微愤怒、中等愤怒和极端愤怒3种方式对"他"发火，体验火发到何种程度心中最舒服，并把这种行为和感受进行反复体验，"记忆"下来，这样，一旦忍无可忍时，你就可以毫无顾忌地把胸中的怒火发出来，一吐胸中的郁闷。

学会社交需要练好口才

误区：要想社交出色，必须要有好口才，只要勤于练习，就能练就好口才。

有的口才训练课宣传通过训练可以使一个人口吐莲花、巧舌如簧、能说会道、侃侃而谈。社交自卑的人固然会觉得自己害怕讲话、不会说话，但是一个人学成口吐莲花、滔滔不绝的状态有魅力吗？大家往往不欣赏这样的人。如果你不去做演说家、不去做传销，没必要如长江之水滔滔不绝。大家熟悉的姜文、冯小刚都是很有威信的人，我们从电视上看到姜文甚至说话有点口吃，冯小刚也经常闷着头半天不讲话。但是他们的人缘和人际关系并不差，因为事业和人格魅力能够征服周围的人，让人对他们产生敬佩之心和信赖感。

校园社交篇

 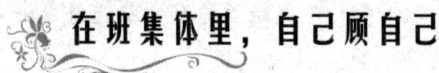

在班集体里,自己顾自己

误区:在班集体的交往中,自己顾自己就行了。

从一上中学开始,我们每个同学就有了自己的班集体,就和这个集体结下了不解之缘。同学们在集体中学习、生活和活动。为了有良好的人际关系和融洽的集体氛围,每个中学生应努力从自己做起。

1. 用行动为集体增光

北京市某中学高中某班有这样一位女同学,在学校田径运动会上,她参加4×400米的接力赛。在终点前的100米比赛中她咬紧牙关,使尽全身力气奋力向终点冲刺。而当她的双脚刚刚踏过终点线时,身体就像散了架似的瘫倒在地上。她脸色苍白,呼吸急促,身体痛苦地抽搐着。

看着她难受痛苦的样子,同学们都流出了眼泪。过了两个多小时,她才慢慢恢复过来。医生问她,为什么这样不要命地跑?她说,当时自己只有一个念头:为了集体取得好成绩,豁出命也要争。是的,在这赛场上的一瞬间,集体在她心中重千斤。她用自己的行动,赢得了同学们的好评。

这位同学在集体活动中表现出了良好的个人品质:意志坚强,较强的忍受力、自制力。爱护班集体,这是她人际关系好的基础。

2. 增强集体意识和相互理解

在集体中,也有同学不合群,常常游离在集体之外,这样下去,不但在集体中感觉不到温暖,一旦脱离集体,就会寸步难行,甚至出现悲剧。某中学有一个班集体外出。同学们从宿营地出发,在当地向导的带领下去爬山的时候,有个同学觉得和集体在一起玩受限制、没意思,于是自己留在宿营地没有一同去。

当同学们归来,兴致勃勃地谈起山上的景色多么美好的时候,这个同学又十分后悔没有去观赏这大好的景色。于是,自己一个人悄悄地向大山进发了。当全班集合准备返回学校时,大家才发现这位同学不见了。师生心急如焚,在当地老乡的指引下,全班分头去寻找。最后,在一座山崖下发现了这位同学血淋淋的尸体。

如果这位同学不离开集体,即使遇到困难和危险,也会得到集体的帮助。这血的教训,难道不值得我们深思吗?当然,这是一个极端的例子,但是它留给我们的启示是多方面的。

3. 在集体中交往要关心他人

有的同学总埋怨集体对他关心帮助不够,而自己究竟为集体为同学付出了多少,他却很少去想。其实一个温暖的集体,正是需要它的每一个成员作出无私的奉献。如果人人只想索取,不想去关心别人,那么友爱温暖的集体又从何而来呢?

回想一下你所生活的班集体中,有多少热心为集体服务的好同学啊!当他们用自己的双手把教室打扫得干干净净的时候,当他们辛辛苦苦花了几个小时才出好一期黑板报的时候,当他们骑几十里车去看望生病的同学的时候,这些虽然占去了他们许多宝贵的时间,付出了许多许多……但是,他们得到的更多,因为只有为集体为同学服务的同学才会得到同学们的真诚感谢,享受到人生的最大快乐和幸福。

著名科学家爱因斯坦生前说过:"一个人的价值,应当看他贡献了什么,而不应当看他取得了什么。"爱因斯坦的一生,不但为科学发展作出了杰出的贡献,同时更把全部的热情与生命献给了全人类。伟大的共产主义战士雷锋,他平凡而光辉的一生,无时无刻不在实践着自己的诺言:"自己活着,就是为了使别人过得更美好。"

这种无私地为集体为同志作奉献的精神,激励着几代学生、青年,使他们热血沸腾。今天的中学生仍应努力地从每一件小事做起,从自己身边做起,让雷锋的精神不断发扬光大,让雷锋永远活在亿万人民的心中。起码,像那位跑步的同学那样,尽自己的努力,为集体作贡献。那你就不仅是付出,更多的是得到。

4. 了解同学

同学们在交往过程中,一般容易停留在对对方的外部特征的了解上,不善于了解对方的内心活动。这种感知的不灵敏和理解的不深刻会影响人际关系的深度和融洽性。

上述事例中,那个离群遇害的同学,既有他自身的问题,也有我们对其缺乏了解和及时开导的教训与遗憾。因此,我们每一个中学生在与人交往时,不妨努力做到善解人意,助人为乐。

我们每一个中学生每天都和同班的几十位同学生活在一个班集体中。几十个人有着不同的家庭环境,有着不同的生活经历,有着不同的性格爱好,交往中难免发生磕磕碰碰的事情,同学之间、个人和集体之间常常会有利害冲突。只要我们有一个豁达的胸怀,有一颗关心他人的赤诚的心,有一腔为集体服务的热忱,又有什么矛盾不能克服,又有什么烦恼不能抛弃呢?

用你的真诚去爱别人,必然会得到别人真诚的回报,那么你所生活的集体在你心中,将永远是一个暖融融的集体,你将永远快乐幸福,真正感受到生命的价值。

一个人离不开集体,正像一滴水离不开浩瀚的江河大海,否则就会干涸一样。一滴水的寿命是短暂的,但当它汇入海洋并与之融为一体的时候,它就会获得永生。一片雪花微不足道,然而,它"分才一毛轻,聚成千钧重"。一粒石子固然渺小,但"高山不择细土,故而能成其高。"一个人又何尝不是如此呢?如果我们离开了所生活的集体,离开了同学,我们的生活将失去阳光。

和异性同学交往要一视同仁

误区:男女是平等的,和异性交往也一视同仁,不要区别对待。

异性同学之间健康、积极的交往应遵循以下几个原则：

1. 健康、文明的原则

异性同学之间说话要文明，切忌粗话、脏话；举止要大方，对待异性不可拍拍肩膀，打打闹闹，随便轻浮；尊重对方，不可拿对方开心取乐，甚至不尊重异性感情。

2. 选择场所与时间适当的原则

与异性同学交往，不可在阴暗、偏僻的场所，而应在公共场所；不可在晚上单独交往，以防止各种性意向的幻想发生；到异性宿舍，应得到准许，且不应停留过长时间。

3. 保持一定距离的原则

异性交往本身有一种自然的吸引力，因此，若男女同学交往距离太近，且身体接触，人的性器官会感受到刺激而产生条件反射，出现性冲动，甚至越轨行为。因此，男女中学生接触，应注意保持一定距离，这也是一种礼貌。

遵循这些原则就能使异性同学之间的交往保持文明、积极的氛围，并能避免一些不当行为的出现。

由于中学生的心理、生理发育已经基本成熟，异性同学之间彼此渴望接近，并比较注意显示自己和吸引异性。男女学生在一起学习、娱乐、交谈，双方有一种愉悦的心理感受，这些应该说都是正常的、可以理解的。有些活动，如文娱表演、拔河比赛、劳动，甚至会餐，如果没有异性同学参加，他（她）们就会感到缺少趣味、缺少气氛。

有人做过这样的实验，某一组男生在一起劳动，据反映，打闹、说话粗鲁、行为散漫的现象严重。后混合编组，情况就大不一样，男女同学劳动热情比较高，举止比较文明。专家们分析说，这是因为男女同学在一起学习、劳动或娱乐时，一般特别注意自己在异性面前的形象，也都希望异性对自己给予满意的评价。

社会学家们指出，异性交往是人际交往的重要内容，如果没有异性交往，那么人类社会就要停止。但是如何正确交往，这又是学生必须学习的课题。

中学生男女同学之间的交往应该在老师、家长的指导下，积极健康地进行，学校和老师更应主动为异性同学之间的交往创造良好的环境和氛围，这不仅有利于提高中学生的人际交往能力，而且对稳定学校教学、教育秩序、活跃气氛、避免意外事故的发生，都有积极的意义。

中学生自身更应积极、健康、大胆地进行异性之间的交往，不断提高人际交往能力，同时，在交往中也应注意遵循一些原则，使这种交往有益、适度。中学时期正是学习、成长的黄金时期，极少数同学在异性交往中的言行与学生身份不符，甚至有越轨行为，这些都是必须加以克服的。

知根知底才能信任

误区：要信任对方，就要对对方知根知底，就要多打听对方的隐私。

学生具有良好的交往礼仪不仅有利于交往的畅通，也体现着自身的文化修养。现代社会日益重视对个人生活隐私的保护。同学之间更要注意相互尊重，对家庭情况、身体状况等个人信息不要相互打听、传播，以免给别人带来不快，给自己带来麻烦。

1. 保护个人隐私

不少体检部门为进一步保护学生的隐私，出台了相关方案。上海杨浦区就为学生提供了个别检查、单间检查、预约检查的服务。一位高三学生觉得这样的新规定非常人性化，"比起3年前的初中毕业体检，感觉轻松多了"。

学生们的隐私概念是在生活中逐步建立的，这也要求同学之间互相尊重。打探隐私的行为有失礼貌，这多半是学生们并不清楚隐私的概念所造成。初中学生王琳表示："我不太清楚隐私都包括什么，但有时我不太愿意把家里的电话告诉别人，一些同学就会觉得我小气，其实这应该是个人的自由。"

还在读高三的一位学生说："一次我得了重病，在家休息了好长时间。回到学校后，很多同学都追问我到底得了什么病，让我觉得心里不太舒服。

毕竟有些问题是难言之隐，我真的不愿意让更多的人知道。"

2. 言行间注重他人感受

在校园中，同学之间的相处是非常密切的，涉及隐私的地方不可避免。关于隐私保护，目前还没有一条成文的规定。该用何种具体的文明方式尊重他人的隐私，这个礼仪问题需要学生自己去体会、去学习、去建立。

打探隐私固然是不可取的，一些学生因为年龄和阅历的关系喜欢问长问短，虽然没有恶意，但在无意中可能涉及他人的隐私，从而招致反感。也有学生把自己了解到的有关其他人的重要信息随意传播，给人带来不必要的麻烦。因此，学会适当收起对他人的"好奇心"，约束自己的言行，才会加深同学间的友谊。

作为学生还应该了解隐私的概念，如同学的家庭情况、个人信息等，在别人不愿意透露的情况下，应表现出尊重的态度，而不是一再地追问。要知道，忽略别人的感受随意打探，只会招致他人的不良情绪，甚至伤害彼此的感情。老师和家长也应帮助学生体会隐私概念，适当体验伤及隐私时的痛苦感受，用引导的方式教育孩子。

朋友之间的东西可以共享

误区：朋友同学之间不分彼此，东西可以共享。

学生具有良好的交往礼仪不仅有利于交往的畅通，也体现着自身的文化修养。日常生活中，需要使用别人的物品应该征得主人允许，这是学生学习如何待人接物的重要环节，是发展学生社会技能的重要任务。通过一件件小事，应该善于发展良好的交往能力，培养礼貌的行为习惯。

1. 不说就借损伤友谊

《中学生日常行为规范》中规定：未经允许不进入他人房间、不动用他人物品、不看他人信件和日记。类似的条款在很多学校规章制度中较为常见，但一些学生对此并不重视，有时甚至认为朋友之间可以不分彼此。

初中学生黄宁表示:"现在学生中手机的普及率挺高的,我的新手机买了不到两天就被同学拿走了,虽然他把他的手机留给我,说是换两天使使就还,但从心里我并不愿意。"如果说中学生对这样的基本礼仪还不了解的话,大学中却也同样存在着不打招呼就使用别人物品的问题。

一位重点高校的学生崔佳说:"寝室中某位同学买了电脑,有时候就成了公用的,室友们有时间都不问就随手把机器打开,走时又不关机。这种行为非常令人反感。我觉得使用这样贵重的物品应该事先征得主人的同意,更何况电脑中有很多贵重的资料或者一些隐秘的文件,同学间应该彼此尊重,不能随意使用他人物品。"

2. 礼数在先体现尊重

使用他人物品要事先征求主人的意见,经过允许才能够顺理成章地使用,否则不仅丢失了基本的礼貌,也会损害彼此之间的关系。看似简单,但这个道理确是我们平时做事的一项基本规则,忽略掉这些规则,也等于忽略了他人的感受。

清代的《弟子规》明确地告诉世人"不商量就拿叫做偷"。虽然今天我们不能一概而论,但不打招呼就随意使用他人物品却是非常不礼貌的行为。北京人讲求"礼数",进房间前要先敲门,即使是空屋子,我们也应该遵循这样的程序,以免给人唐突的感觉,造成不必要的误会。这个"礼数"体现的就是一种为人做事的规则。

同学之间的友谊需要互相包容、细心经营。使用同学的物品,应该礼貌对待,征求了主人的意见,会让对方有受到尊重的感受;相反,莽撞行事,不仅导致误会产生,也会令彼此的关系变得淡漠。因此,同学间应该提倡尊重他人,养成良好的交往习惯。注重礼仪文明培养,是保障彼此关系和谐健康发展的基础。

使用他人物品应该征求主人的同意,同学间即使关系亲密,也应该事先打好招呼,不要想当然地认为关系好就随意动用他人物品。

在学校应该爱护设施,对公共财产有责任去保护。在未经得允许的条件下,不可使用校内设施,以免造成损坏。

同学间使用他人贵重物品,如手机、电脑等,要格外爱护。借用物品提前约定好时间,定期归还。

有优越感才更有面子

误区：在同学面前有优越感才能更有面子。

改革开放后，人们对财富的理解逐渐发生了变化，对金钱和奢华的过分追求成为少部分人的生活目标。奢华风同样不可避免地刮进了校园，一些学生受社会风气的影响，和同学之间互相攀比，印名片、买手机，甚至个别富家子弟出门宝马手提LV，戴着钻戒进课堂，实在与中华传统节俭美德不相符。

1. 学生发名片是虚荣心使然

一些学生赶时髦互赠名片，这多少反映了部分学生追求时尚的心理，不可避免地增加家长的经济负担。有些同学还将父母的官职、家庭收入都印在了名片上，这种行为则是炫耀家庭的不健康行为，引起众多老师及家长的关注。

学生互赠名片，从根本上说是弊大于利。部分学生名片上显示的荣誉、财富都是属于父母的，不是学生应该拿来炫耀的资本。但这样简单的道理，学生还不是很理解。长此以往，会助长同学之间比父母、比家庭财富的不良风气，不但影响学习，还会影响同学团结和心理健康。

另外，这些名片一旦落入不法分子的手中，很可能会严重威胁到自己以及家人的人身、财产安全。除非有特殊的活动，比如联谊会什么的，大部分时间里中小学生的活动范围都很小，所接触的人也只是熟悉的同学、老师而已，如果大家要加强联系，只要一本通讯录就足以解决问题，何必去印制名片？

一位重点初中的学生表示："在学校里炫耀的风气经常有，不仅仅是发名片，比如一些家庭好的同学买了新手机都要跟大家公布一下，生怕别人不知道。我觉得这种行为根本没必要，因为这不是自己劳动所得，没什么可值得炫耀的。"

2. 炫耀自己就是伤害别人

学生爱炫耀是一种符合年龄发展的正常现象，一些孩子争强好胜，有了成绩沾沾自喜是不可避免的。但什么成绩值得炫耀？什么是不能炫耀的？这些问题孩子需要在成长中不断学习，也需要教育者加强引导，给孩子指明正确的发展方向。

同学之间朝夕相处，暗中比较是难以避免的。孩子应该从小建立正确的思想观，先天的条件不是自己能力所建造的，不能够随意攀比。比如自己家庭条件很好，总是把一些先进的物品拿来向同学展示，自己的财富多于他人，不停地炫耀，类似的比较实际上是父母劳动的结果，跟自己的后天努力没有关系。这些行为虽然满足了自身的虚荣心，却难免伤害到其他同学。

比较的心理还反映出学生的独立能力。同学之间可比较的应该是属于自身创造的价值，比的是个人的奋斗结晶。例如学习成绩、创造能力、思维能力，这些都是靠个体打造的，是每个人自身不断努力的见证和结果。这种比较不仅可以彼此激励，还可以培养学生的独立潜能。

教育家陶行知有一首著名的《自立歌》："滴自己的汗，吃自己的饭，自己的事自己干，靠人靠天靠祖上，不算是好汉。"这充分说明，学生的成绩应该靠自己不断实践，值得骄傲的资本应该是个体辛勤建造的。

3. 炫耀可耻

同学间应该互敬互爱，不要向对方公开自己的家庭财富，父母的工作头衔、社会地位不应成为炫耀的资本。个人财产应该妥当保护，一些贵重物品，如新手机、高档电脑、新款MP3等如无特别需要不必带入校园，以免给同学故意炫耀之感。

某些学生的炫耀性消费也会给家庭条件较差的学生带来心理压力。买不起名牌的学生有的会选择购买假名牌。因此，校园里有些学生在倡导高消费和超前消费的同时，他们的虚荣心态和炫耀行为也造成了一种示范效应，这对很多学生都会产生一种外部压力。类似的行为应该杜绝。

年轻的班主任比较好交往

误区：年轻老师当班主任比较好，年龄差距小，代沟小，容易沟通和交流。

班主任是班集体的组织者与领导者，学生是班集体的主体与各项活动的参与者。教学、教育活动把班主任与学生紧密地联系在一起。

有一次，高一几个同学来老师家问问题，释疑之后，他们聊起天来。有的同学说喜欢语文老师，有的说喜欢数学老师，有的说喜欢英语老师，说法不一。当我问"一般来说同学们喜欢什么样的老师当班主任"时，李红同学说："有不少同学喜欢青年教师当班主任，任课老师最好是老教师。"这看法有一定的代表性。

"为什么大家喜欢班主任是年轻教师，而不喜欢老教师呢？你们能仔细谈谈吗？"

李青说："青年教师随和好处，事少，条条框框少，好说话，有共同语言；老教师经验多，规矩多，管得多，要求严。"

张明说："我认为老教师当班主任好，他们教育有方，带班有经验，能把班带好，生活在优秀班集体里多幸运，这也是我妈的愿望。"她还说："我总觉得有些同学所谓的喜欢年轻班主任是口头的，而实际上又不听班主任的话，老师，您说对吗？"几位同学议论纷纷，各执己见，莫衷一是。

我们认为选择青年教师还是选择老教师当班主任，都无可非议。从主观上讲，可以选择；但从客观上讲，一般无法选择。因为从现行教育制度来讲，班主任是学校安排的。因此，作为某个同学来说，如何适应客观环境，这是最重要的。青年教师当班主任，这是必然的，是新陈代谢的规律所决定的。

同学们喜欢青年老师当班主任，这很好，然而，选择的出发点，对班主任管理教育所持的态度值得探讨。

近几年，刚毕业新分到学校的大学生约占教师人数的1/3，绝大部分都当了班主任。他们对工作认真负责，不怕苦不怕累，一心扑在工作上，但是他们工作中也遇到不少苦恼。有的同学不接受老师的管理教育，无视学校的规章制度，我行我素，课堂纪律涣散，不注意听课。班里学风不浓，任课老师有意见。班主任天天做工作，事倍功半，收效不大，这给他们从事教育的崇高理想泼了冷水。

于小兰同学说："个别同学对年轻班主任的工作不支持，而是钻空子。例如开班会，班主任讲话时，有人根本不认真听，当作耳旁风，甚至闹出大笑话。期中考试时，某某同学居然没记清各科考试的时间，把考化学记成考数学，因而头天晚上全力以赴复习数学，第二天考化学时傻眼了，真是猴吃麻花——满拧。因为班主任动员考试时，他居然在看《希特勒》，宣布考试时间时，他记错了，使自己吃了大亏。这件事情发生后，某某很后悔，其他同学并没有引以为戒，整个班的纪律仍未有大的起色。"

张小艳说："我们班也有类似的事情，是有过之而无不及的。上次歌咏比赛时，我们班规定都要穿统一服装，男同学一律穿西装。为了借服装，王老师调动一切积极因素，动员家长、同学想办法，经过煞费苦心、千方百计的努力，终于借到了。可是没料想到穿衣服比借衣服还难。临演出前，常某同学死活不穿，老师找他谈话，他仍然无动于衷，他说：'我没穿过西服，不喜欢穿西服，干吗非要求一律！'他固执己见，硬是不穿。那天下午快要演出了，老师又一次找他，甚至把家长找来做他的工作，仍然无效。最后，老师无计可施，只得这样说道：'常某同学，这件事就算我个人求你帮忙，老师有困难，你能不帮吗？'老师的真情终于打动了他，他终于答应了，为此，我们都非常佩服我们的青年班主任。"

李小刚说："我了解常某同学，他为人直率，没有坏心眼，能干，有特长，自尊心很强，有个性，不轻信别人，但有时处理问题不太冷静，怎么想就怎么说，甚至与老师发脾气。但是在演出穿衣服的问题上给老师出难题是不应该的。老师，您说类似这些事情的发生，能说是喜欢青年班主任吗？"

对以上同学谈到的2件事，同学们应采取下列做法：

1. 做事要考虑后果

同学们在认识上有许多误区，认为自强自立，就是想干什么，就干什么，不受受别人或集体的约束。一个人，要想做事，做决定、有主见当然是好的，但不能盲目，要考虑所作所为的后果。有了这种能力，就能控制自己的情绪，就能随时提醒自己，办事就能如意了。做事只从自己的好恶出发，一般是孩子的行为，但是高中生已经不是小孩子了，有独立思考的能力，做事就不能不考虑后果了。

如果做事只凭主观愿望，那么个人行为就会影响集体，误了大事。这种不考虑后果的行为只能说明思想幼稚，是糊涂的表现。不难设想，如果常某同学拒绝穿西服而参加演出，那对集体会造成不好的后果和影响。果真那样，等他一旦觉悟，他会因自己的固执与不合群的行为感到后悔。

2. 加强群体意识

群体是人们为了实现某种特定的目标而结合在一起的集体，是社会协作的产物。一个人进入青年时期以后，过群体生活的愿望更加强烈，人们的具体活动都是通过群体交往而进行的，任何人都不能离开群体。"群体精神"即集体主义精神，是一种美德。

任何一个群体都有一定的活动目标，有共同的价值和规范——群体成员一致认为应当遵守的行为标准。群体成员对社会现象、社会活动的一致看法和评价形成了群体价值。所以群体的每一个成员要有群体精神和群体意识，群体活动才能协调一致，才能实现其目标。群体成员如果违反了标准就会受到惩罚，被其他成员所孤立，甚至被驱除出群体，班集体这个群体也不例外。

当个人利益与集体利益发生冲突的时候，应首先考虑集体利益。常某同学不喜欢西服，其实穿不穿西服对他自己并没有什么损失，然而这次穿西服是为了演出，穿不穿西服就不是个人好恶的问题，它关系到演出的效果和班级的荣誉。因此，当他执意不穿西服，就是违犯了班集体的纪律，是不文明不道德的表现，是不能容许的行为。正如列宁说的："只要再多走一步，仿佛是向同一方向迈的一步，真理就会变成错误。"

同学们喜欢青年班主任是对的，但喜欢是具体的，而不是抽象的。对老师尊敬、热爱，就应当对老师的工作给予热情的支持，而不是"拆台"，更不能帮倒忙。请牢记交际艺术中的"贵在热诚"。

总之，人与人之间，只要能做到与人为善，互相尊重，互相信任，互相理解，互相关心与爱护，那么，无论家庭也好，群体也好，就一定能使关系变得水乳交融，十分幸福和美满。

不喜欢任课老师

误区：不喜欢的任课老师，就不要答理他。

和老师发生矛盾怎么办？在学校里，学生和老师朝夕相处，有时会由于各种原因，造成误会，产生分歧，与老师发生矛盾，从而影响师生关系，甚至影响学生的学习情绪。

有这样一件小事，小王同学在语文课上正认真地听讲，邻座一同学传过一张纸条，约他放学后去打网球。小王随即把纸条退还给了那个同学，并轻声劝告："上课不要传纸条！"谁知被李老师发现，马上批评了小王上课传纸条，随便讲话的现象。当时，小王同学有口难言，十分委屈，认为李老师不实事求是，存心丢他的面子，想他是否因自己上次没完成作业，借此机会报复。第二天上学路上，正巧碰到李老师，小王仍然打招呼："李老师早！"但李老师没作声，只顾低头走路。小王认为李老师还在记仇，故意不理他，让他难堪，就暗地发誓今后再也不理他了。以后每逢上语文课，小王感到非常厌烦，对他讲的课听不进去。就这样，小王对李老师的成见越来越深，为此，他感到很苦恼、气愤。

师生间的误解是常有的，正常的。关键在于如何解决矛盾，处理好师生关系。作为中学生，应该具备以下几个方面的能力。

1. 要客观分析，克服感情用事，避免先入为主

小王对李老师有2点看法：①认为语文课上李老师有意识地让丢他面子；②认为李老师"记仇"，对他打招呼不答理。事实上这两条起因都是小王主观犯疑的，是不符合实际的。由于小王与李老师的矛盾越来越深，引

起了家长的重视。

小王的妈妈到学校找李老师谈了小王的委屈与苦闷，老师这才弄清了事实真相。在那堂课上，李老师只看到小王把纸条递给邻座的同学，嘴里还在讲话，就误认为小王不遵守课堂纪律，所以就当场批评了小王。

李老师根本就没想到小王没交作业的事，更谈不上报复了。另外，小王与李老师打招呼时，因为当时人太多，李老师根本就没听清。李老师对小王本来就没有"仇"，更谈不上"记仇"而不理小王。

可见，由于小王不了解以上情况，没有客观地分析问题，而是把风马牛不相及的事，主观地联系在一起，是先入为主，结果和李老师产生了矛盾，造成了烦恼。从而整天忧心忡忡，影响了自己的情绪。

当然，作为教师，批评学生也应在认真调查的基础上，进行令人心服的批评，避免误会，避免对学生的伤害。作为学生要能够摒弃产生矛盾的主观因素，那么，师生之间的矛盾是很容易解决的。

2. 要心理相容，多一点宽容

社会群体中的人与人之间应该心理相容，即做到协调一致，相互体谅，学会替对方着想，做到宽容大度，团结合作。每个人都生活在社会群体之中，每天都要接触一些人，在交际中绝对的统一是少有的，难免发生一些"磕磕碰碰"。

小摩擦处理得好，可以"化干戈为玉帛"；处理不好，就会留下"隐患"。当老师在课堂上错怪小王同学时，如果小王能做到心理相容，设身处地从老师的角度去认识问题，就会得出正确的结论：课堂上那么多同学，老师兴致勃勃地讲课，不可能看清传纸条的经过，因而没有看到谁先传纸条。这样，就不会得出批评是报复的错误结论。

在师生交往中，如果发生了分歧和摩擦，要想一想对方是不是故意的，是不是自己的言行有误导，自己应如何正确认识自己的缺点错误，也就是要虚心点。这样，你就会心平气和，做到得理也让人，无理便认错。

同时设身处地为老师想一想，互换位置去理解。教室里那么多同学，发生了问题，老师很难判断得准确无误。因为老师是人，而不是神，不可能神通广大，所以错误是难免的。这样去理解就会做到宽容，矛盾也就迎刃而解，师生就会建立起更为密切的关系。

3. 要坦诚相待，多进行思想交流

我国著名教育家叶圣陶先生提倡"立诚为本"，他认为"诚"是为人的根本。他有3个子女，分别取名为"至诚"、"至善"、"至美"，这反映了叶圣陶对子女的期望和对人生的追求。在人际关系中，必须有"至诚"之心，有"至善"之态，才会有"至美"之果。青年人敢想敢说，心直口快，这种好的品质和作风应该提倡，但要注意交谈的方式。

小王同学与老师合不来，如果能诚恳地向老师汇报自己的想法，坦率地直言，当初的分歧很快就能解决，后来的隔阂也就不会再发生。态度诚恳，与人为善，及时交流思想，是促进师生间友好相处的重要途径。

不要对老师提意见

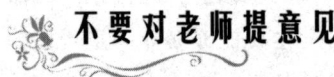

误区：得罪老师没什么好处，所以不要对老师随便提意见。

作为学生，我们应当尊敬老师；作为朋友，我们应当协助老师。对老师恭恭敬敬，唯命是从未必就是尊敬老师；向老师直抒己见，表达不同观点未必就是不尊敬老师。关键是怎样给老师提意见。下面就这方面谈几点看法。

1. 把握时机，分清场合

不论在学习与工作中，还是在日常交际中，我们与人谈话都要注意选择合适的时机和场合，当然，给老师提意见和建议也是如此。一般来说，老师在全神贯注地讲课或讲话时不要打断，如果不是讨论课上的问题，最好不要当时提。因为这样做容易打断老师的思路，干扰教学进度，甚至影响其他同学的学习。

如果在听讲时发现老师讲话有误或有不当之处，也不要马上就发表意见。应该等老师讲课结束之后，让同学们看书做练习之时，再举手发问。如果你提的问题有分量，有代表性，老师会把你的意见公布于众，让全体同学注意，以达到共同提高的目的。如果怕忘了，可先记在笔记本上，课上如果没时间发问，可在下课以后私下找老师交换意见。

虽然如此，这并不是说同学们在听课时只是被动地、消极地接受，而应该是积极主动地反馈，需要做出会心的呼应。有时，对老师讲的没理解，或有些疑问，抓住时机提问题，老师是乐意以更清楚的语言来解释一番，直到使你听明白为止，同时，从老师的心理上，也会觉得你听课很专心，问题提得好，提得有水平。

2. 语气平和，注意方式

在人际交往中，相互交谈的内容固然重要，但交谈的语气和方式也是不容忽视的。从一定意义上说，交谈方式和谈话语气直接影响谈话的效果和相互间情感的沟通。

老师与学生谈话要十分讲究艺术，同样，学生向老师提意见，也要注意语气和方式，否则，不利于问题的解决，而且容易引起误解和反感。因此，要注意用商量的口吻、交换意见的口气提意见。

例如：有一次考试，王四同学的分数搞错了。这是因为他和李二同学之间有矛盾，在课代表登分时，李二偷偷地将王四对的选择题改成错的，分数少了十几分。事情发生后，老师找李二谈话，批评了她，让她亲手把王四的分数改过来，并再三叮嘱她要实事求是，以实际行动改正错误。老师对此事保密，一来是免得矛盾激化，二来避免在同学中造成坏影响，使同学关系不好处。李二向老师保证，一定按老师的要求做。

经过更改之后，老师把卷子发给王四。王四一看，仍然不是他应得的成绩，情绪激动，于是在教室里大发雷霆，大声喊叫："冤啊！真冤！"当时，老师和同学们都惊呆了，没想到他会这样。其实，如果他在私下跟老师交换意见，老师会理解他，支持他，问题会得到妥善解决，老师和同学也都会佩服他的理智态度。可是，他在教室里大发脾气，做得太过分，就容易引起误会，不利于问题的解决。

3. 坦诚以待，言有分寸

坦诚以待、言有分寸是学生在和老师交谈讨论问题时应当遵守的原则。所谓坦诚直言，就是"知无不言"，"言无不尽"。这是批评者的态度，而接受批评要"有则改之，无则加勉"。怎样对待别人的批评，又如何批评别人，道理上谁都会说，可真正做到实在不容易。

如班上的部分同学对某某老师有意见，上课时与老师有些"顶牛"。据说是因为老师对某件事处理不公，偏袒了几位学习好的同学造成的。作为课代表、班干部，出于对老师的关心，能及时地把这些情况反馈给老师吗？你能毫无保留地与老师交换意见吗？如果话到嘴边留半句，似是而非，老师不能了解实情，那么就难以找到解决矛盾的正确途径和方法，因而也就达不到提意见的目的，反而会给老师产生错觉，觉得你是非不分而错怪了你。

所谓言有分寸，是说在提意见时，不要说得太满、太肯定。双方都把话摆到桌面上来，意见不统一也不要紧。不要固执己见，要谦虚谨慎；不要强加于人，要客观表示自己的态度。具体来讲，可以这样说："老师，这个问题我认为怎么样……"而不要说："老师，你肯定错了，我的意见是绝对正确的！"对于教学中某些有争议的但学术界至今还没有定论的提法或问题，阐明自己的观点即可。

4. 口头难言，以"书"表达

有的问题当面不好说；有些同学不善于面对面提意见；有些问题比较复杂，当面谈容易头绪乱，丢三落四说不清楚，或表达不全面；有些话当面不好意思讲，临时斟词酌句很令人难堪。这些情况，都可以以书面形式反映自己的意见。

如某男同学曾给一女同学写条子，放学后还经常缠着不让她回家，她自己非常苦闷，不知如何摆脱，然而，班主任又很年轻，不好当面谈。为了取得老师的帮助，就可以用书信形式说明情况。

又如：你对老师讲的"社会主义商品经济发展，要求建立社会主义市场经济体制"的问题感到不深刻，有不同观点时，因这是个重大的理论问题，不是三言两语就能说清楚的，你不妨用书面语言表达，这样就可以做到条理清楚，论据充分，观点鲜明，从而全面地表达自己的观点。

总之，提意见看起来简单，其实不然。提意见、批评都要讲究艺术，如果懂得批评的艺术，学会进行艺术地提意见，不仅不会伤害师生感情，而且能帮助老师改进工作，还会大大促进师生间的感情，使师生建立起真正的友谊。

不要搭理学校的教工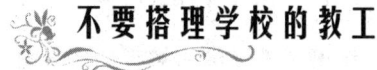

误区： 教工就是学校雇用的工人，学生不必搭理他们。

在学生们的心目中，往往只注意到教员，尤其是班主任老师及教自己课的老师，不教自己的或不是自己这个年级的老师往往放在第二位，而对学校的职员、职工就不那么"重视"了。试想，一个学校如若无后勤部门的教学保障，没有医务室、图书馆、食堂、保卫部门的配合，能成为一个完整的学校吗？再说，同学们在学习生活中，不可能不与他们打交道。因此，中学生与非教学人员的交往，也是学校人际交往中的重要内容。

1. 要懂得尊重他们的劳动

中学生如何与非教学人员交往？最主要的是要尊重他们。这不仅表现在见面打招呼，叫一声"老师"或问一声"师傅好"，还应理解他们，尊重他们的劳动。如上学时，有些同学直接骑车进入校门，对门卫不予理睬，甚至有的值班人员在后面追着喊着让同学把自行车停放在车棚，而前面骑车同学毫无反应，长驱直入。有个别同学还因校门卫阻止他们骑车进入校园而与之发生口角。这反映了同学们对门卫的不尊重与自身文明素质不高。

食堂的工作人员为同学们准备好可口的饭菜，当同学们进入食堂时，应主动与他们打招呼。就餐时应尽可能注意食堂卫生。有的同学，把不喜欢吃的饭菜随便扔，甚至扔到地下，一方面是浪费，另一方面是对食堂工作人员的劳动不尊重。如果对伙食有意见，可以通过班主任老师反映到有关方面，绝对不能与食堂工作人员当面顶撞，甚至大吵大闹。

阅览室、图书馆是同学们课余时间常去的地方。在那里，同学们博览群书，吸取知识，开阔眼界。对图书馆、阅览室的老师，同样要有礼貌。在阅览室看书，要遵守纪律和室内规则，不得喧哗，看后将书放回原处。

借书要遵守借、还书时间，此外，要保护好图书。学校有上万册图书，有些图书磨损后，要由图书馆的老师们一本本重新修整好，包好牛皮纸封皮。同学们对图书的爱护，也体现了对老师们劳动的尊重。

有个同学借了本新书，读完后不仅按时还了书，而且还给书包上了皮。事情虽小，却体现了这位同学爱护公共财物的好品质。这种做法能不令图书馆的老师们高兴吗！试想，如果你还回的图书又脏又破，老师还愿意再借图书给你吗？有的同学为此与老师顶撞，不愿意赔偿，这是不对的。这一方面说明你缺少爱护公物的好品质，另一方面对老师无礼。不妨反过来想，你心爱的东西被别人弄坏了，你愿意吗？

物理、化学、生物除去理论课以外，还要上实验课。这是培养同学们实际操作能力的重要环节。为了一堂实验课，授课的老师要认真备课，给同学讲好课。可是实验室的老师为了这一堂课，又要付出多少辛勤的汗水呢？

比如化学实验，为这一节课，实验室老师们要把试剂瓶洗刷干净，所需的多种试剂——事先配好溶液、装瓶、贴上标签、放在每一个实验桌上。每桌放的四五支试管，也都事先洗刷干净，倒扣在试管架上。此外，还有铁架台、酒精灯、火柴……

每节实验所需仪器和药品视年级不同、上课内容不同而有差异。每个实验要摆26桌，若需试剂10瓶，仅此一项就要260瓶。洗、刷、装，夏天还好，一到冬天，尤其三九天，在冰凉的冷水中洗刷试管，一泡都是一个多小时，如此大的工作量，如此辛苦的劳动，同学们是不知道的。

实验室的老师们从未在同学们面前炫耀过他们的"功绩"，也未诉说过他们的"辛苦"。每一位实验室的老师都默默无闻地干好自己的本职工作。他们是当之无愧的"无名英雄"。同学们所学到的知识，做的每个实验也凝聚着实验室老师的辛勤汗水。所以，我们更要尊重这些老师，更要尊重他们的劳动。同学们进实验室，要遵守实验室规则，不能随意乱动仪器、药品，有的仪器不小心或由于不知道正确的使用方法会损坏，另外也有安全问题。

此外，不能随意乱换药品和仪器，这样其他同学的实验会因物品不全而受到影响，同时也给实验室老师的工作增添了麻烦。因此，同学们应该爱护仪器、药品，做完实验后，将自己桌上的所用仪器摆好，将试管洗刷干净，主动帮老师把桌上的药品撤下，关好门窗，把实验室打扫干净。这种对待实验的态度和作风，定会受到实验室老师的赞赏，同时也是对老师们辛勤工作的最大理解和支持。

某个学校的同学大部分是本地的，还有来自河北、陕北延安、广东汕头及海南的同学。这些外地同学及郊区、县的同学需要住校。为了照顾这些住校同学的生活，学校特意成立了住宿生管理委员会，几名教师负责住宿生的生活管理，从早上6点起床到晚上11点，几位老师轮流值班，检查宿舍卫生，检查晚自习出勤及纪律，负责室内被褥、床单、枕巾的发放和换洗。碰到同学生病，老师们更是焦急。

一天夜晚，小韩同学突然发高烧，身体瘦弱的卢老师亲自骑车陪她去医院急诊治疗，这样的事不只一次。老师们对同学的关心、照顾似父母，而老师自己呢？轮到夜班，晚上11点以后才能回家。路黑不说，心中还惦记自己那独自在家的女儿，对这样的"妈妈老师"我们能不尊重、能不感激吗？

因此，同学们更应听从老师的教导，服从老师的指挥，遵守住宿纪律，协助老师搞好室内卫生。只有相互理解、相互支持、相互信任，才能建立良好的师生情谊，才能使同学们的住校生活紧张而愉快。

除此之外，学校还有总务处、教导处、医务室、工厂……这里有辛勤工作着的许多老师，他们没有直接教你功课，没当你的班主任，但同样为你的健康成长辛勤工作着，你也应该尊重他们，因为尊师不仅是尊重个体的人，而且是对他所承担的工作、他所具有的知识的尊重。在学校中，当同学们也能尊重其他工作人员时，不更体现了同学们尊师的美德吗？

2. 了解是尊重的基础

学校的其他工作人员，确实不如班主任或任课教师那样与同学接触多、联系密切、彼此间那么了解。因此我们就应抓住一切机会，增进自己与其他工作人员之间的感情。

一次深秋，同学们外出参加社会义务劳动，又恰逢下雨，同学们冻得直打哆嗦。回校后，食堂为大家熬了红糖姜水，虽是区区小事，但令同学们十分感动，大家立即写了感谢信，送给食堂，贴在墙上。

食堂的工作人员看到自己的劳动受到同学们的认可，得到同学们的好评，当然会更加努力地为大家工作。这不是一次彼此感情沟通、增加了解、增进友谊的良好机会吗？其实这样的机会还有很多，如逢年过节给食堂送封感谢信，节日邀请其他工作人员一起开联欢会、搞联欢活动等。

教师节给教师赠送贺卡要考虑周全，注意别遗漏。当图书馆、医务室、实验室、管理宿舍的老师们收到学生赠送的那张小小贺卡时，他们会比班主任及任课教师更为激动。如教师节中，高三（5）班的全体同学给管理宿舍的老师送去了贺卡，对老师们的辛勤劳动和对同学们无微不至的关怀表示感谢时，老师们说："这些学生真挺懂事，没有忘记我们……"

因此，中学生与学校非教学人员交往时，要注意做到以下几点：

(1) 态度上尊重他们

学校非教学人员虽不在教学第一线，但其工作的性质、目标都是为学生服务的，只是分工不同。因此，同学们在与他们的交往接触中，态度要诚恳，言语要尊重。不能有"不教我，就不能管我，管我也不听"的错误想法与做法。

(2) 感情上热爱他们

一位教育家说过："心地善良的人首要的一点就是爱人。他对共同事业的忠诚来源于这之中对人的热爱。"在与非教学人员的交往中，同学们更要加强自己对人的热爱的情感的培养和关心人的强烈意向，即对人一视同仁，与人真诚友爱地相处。

(3) 行动上支持他们

凡是他们在执行任务或配合教学做辅助工作时，我们不因他们是非教学人员，就有意冲撞他们，不服从管理，而以一个中学生应具备的良好道德品质，从行动上，积极、主动、热情地支持他们，协助他们完成执勤、实验等各项工作。

有的老师不值得尊重

误区：尊重是互相的，有的老师不值得尊重。

融洽的师生关系，孕育着巨大的教育"亲和力"，教学实践表明，学生热爱一位教师，连带着也热爱这位教师所教的课程。我国教育名著《学记》中的"亲其师而信其道"就是这个道理。情感也有迁移的功能，学生对教

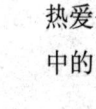

青少年社会交往的119个误区

师的情感,可以迁移到学习上,从而产生巨大的学习动机,可见师生之间的感情在教学中有多么重要。

1. 尊　重

尊重别人,是文明礼貌的核心。学生要尊重老师,这种尊重不仅是表面礼节上的尊重,对老师有礼貌,见到都主动热情地打招呼,课前把讲台擦干净、课间擦好黑板,还要尊重老师的劳动,即上课认真听讲、积极回答问题。

有个别同学,当老师叫他回答问题时,非但不站起来,还态度生硬地说:"不会!"有的虽站起来,却如"徐庶进曹营",一言不发。如果这位被叫的同学站起来,说明未听清问题,或自己哪个方面不太明白,或即使按自己的理解说错了,都是无可非议的。因为如果学生都会了,那要老师干什么?教师教100次未把学生教会,还肯定会教101次。

当然,尊重还应包括说话时,语气要温和,语调要平稳,说话时不要指手画脚。交谈时,要主动给老师让座,与老师说话要保持身体的端正,双目注视老师,认真听,不可东张西望,不可将手插在口袋里,或两条腿一颤一抖地晃动。

一天中午,管理宿舍的几位老师去检查学生宿舍卫生,一进门,无一人主动与老师打招呼,请老师坐下,而是继续各干各的事。当老师对他们的值日提出批评时,有的爱理不理,有的则极不虚心地强调种种借口和理由。这些表现是极不礼貌的,也是对老师的不尊重,当然这是少数人。

对老师的尊重,不仅限于表面礼貌、热情;更要表现在尊重老师的人格方面。有时,三五个同学聚在一起议论老师,称其为"老李"、"大王"、"小刘",更有甚者,用老师的缺点或生理缺陷给老师起绰号。道理很明显,"一日为师,终身为父"是中国人民尊师的古训,视师为长辈,历来是中国人民的优良传统。

你可以喜欢某位老师,也可以不喜欢某位老师,不喜欢他不等于可以不尊重他,因为尊师不单指尊重个体的人,而且是对他所承担的工作、他所具有的知识的尊重。

2. 坦　诚

坦诚二字的关键是诚,诚意、诚恳、真诚,表现在人与人之间的相互理解和信任上。人无完人，老师也不是一贯正确。如在教学方面，老师的知识再广博，阅历再丰富，也是有限的。

教学中不可能总是一贯正确，讲课中出现个别的差错也是难免的。作为学生应如何对待呢？有的学生在课堂上大声叫喊："你讲错了！"这种现象，据调查，出现在2种人身上：①不讲方法的粗鲁的同学；②对老师有成见的同学。

这类人对老师平日的批评不理解，因而出于"出气儿"的目的，采取不友好的态度，这样做的结果，会在老师、同学心目中留下难以抹去的坏印象，损坏了自己的形象。懂事、懂礼貌的人不会这样做。因此同学们要学会注意场合和方式。

张闻天同志有一段话值得深思，他说："真诚坦白并不是什么都是赤裸裸的、突然的、刻板的、三言两语的、无情的、不讲面子的、没有什么回旋余地的。真诚坦白的态度，应该在婉转的形式中表现出来。采取各种曲折的形式，适合于对方的思想习惯、性情的形式，使自己的真意能够逐渐表达出来。使对方能懂得我的真意的'来龙去脉'，使双方能够有充分的时间交换意见、考虑问题，使对方有回旋伸缩的余地。这种婉转，不但不是虚伪的、矫揉造作的，而且是合乎'人之常情'的。"

因此，对教师教学中的问题，最好是课下单独找老师来指出其错误，或者以讨论的口气与老师探讨应如何解答，如何理解，不应该故意出老师的洋相。尤其注意不要中途打断老师的思路。同样，如果对老师在某些班级工作的处理有意见或建议，亦要善意地给老师提出，态度要诚恳。老师鼓励、欢迎学生提问题、提建议。只有师生间保持一种和谐友好的气氛，才有益于教学工作。

一次，一位年轻的老师要上公开课，因课表调动有一定困难，只好选择了平时课堂纪律和气氛不那么令老师满意的班级。因此，这位小老师除去教学方面感到紧张之外，还担心同学们的配合。然而，那天的纪律格外好，连最调皮的学生也聚精会神地听讲，甚至有不少人主动举手发言。同学们的密切配合，使老师的紧张心情松弛下来，公开课上得很成功。

当然，作为一个同学、一个班级，每节课都应像这节公开课的表现一样。这暂且不谈，仅就这节课而言，学生明白事理，关键时刻维护老师的威信和荣誉，这是对老师的最大理解和帮助。同学们的真诚，使师生关系更加和谐，它推动了教学工作。

3. 关　心

尊老爱幼、相互帮助，是我国人民的传统美德，老师爱学生，学生亦应爱老师。学生对老师的爱，更激励老师满腔热情地工作。这方面的许多事例令人感动。

数学组的李老师突患冠心病，这对于一贯认真负责的李老师来说，真是心急如焚，开始，她勉强写出每节课对学生的安排，做哪些题，或做哪张练习。后来，实在支撑不下去了，只好休息。

此时，高三（5）班的同学们，给老师写了封热情洋溢的慰问信，由班里钢笔字写得最好的同学抄在信纸上，全班每个人都签上了自己的名字。班长跑了好几个花店买了鲜花，开始是选派代表去看望，后来许多同学都去家中看望。连平时大大咧咧的男同学，也对李老师说："李老师，您安心养病吧，别惦记我们，学校已经安排老师给我们上课了，我们一定配合老师把课上好……"同学们的关心与爱戴使老师深受感动。

王老师的爱人不幸因车祸而过世了，这给王老师以突如其来的沉重的打击。组织上的照顾，同志间的关怀，自是不必细说。当时初三（3）班的同学们，在老师突然逢意外之际，向老师伸出了友谊之手。他们轮流去老师家值班、看望、陪伴老师，给老师做饭、洗菜，给老师买去了营养品。他们像小大人似地安慰王老师，劝老师保重身体。他们在一张白图画纸上，印上了43颗红心，上面密密麻麻地写着每个同学对老师的祝福和问候。

如，一位同学写道："人生是由无数烦恼的小串珠组成的念珠，而达观的人是笑着数完它的，愿您成为生活中的强者。"

另一名同学则写道："王老师：无论何时何地，总有43颗充满着真挚的情和爱的心，围绕着您，伴随着您，您感到它的跳动吗？……心，仅拳头之大，却有比天空更广阔的领域，您拥有43颗心，您知道吗？您已经拥有了一个世界。……当您悲伤和烦恼的时候，想想初三（3）班的所有同学，您一定会得到无限的安慰和信心。"

不仅如此,他们还用毛笔写了"心连心"——初三(3)班全体同学敬书的横幅,送给王老师。这43颗赤诚的心温暖着王老师,这43份衷心的祝福陪伴着王老师度过了悲痛的时刻。怕影响孩子们中考,王老师忍受着失去亲人的痛苦,坚持来校为孩子们上课。懂事的初三(3)班的同学们,不仅课上、课下更尊敬老师,更积极配合老师搞好课堂教学,完成课后作业,当听说有的班的个别同学上课不遵守纪律,惹老师"生气"时,同学们自发组织起来向他们发出"警告"。

每每讲到这些往事,即将退休的王老师总是情绪激动。是的,已经高三毕业的原初三(3)班同学们,不愧是品学兼优的学生,他们讲文明、懂礼貌、守纪律、重友情,他们不仅在当年王老师教他们的时候如此,即使到高中后王老师不再教他们,他们仍然是那样热情,始终保持着友好的师生情谊。

还有一位老师,由初二开始至高三,连续5年担任实验班的班主任,每当老师生日之际,同学们为老师点歌,这天——4月29日也恰逢每年的校春季运动会,在看台上,"花儿们"围在园丁的周围,向浇灌、哺育他们成长的老师表示生日的祝贺。现在,他们已经高中毕业了,暑假中,这些即将跨入高等学府的学子们,没有忘记老师,他们组织了"一日五游",看望了辛勤培育他们的5位老师。

感人的事很多很多,不仅只在老师生病时、困难时,学生表示出对老师的关心、爱戴,平时的小事亦可体现:看到老师身体不舒服,给老师搬把椅子,上面放上椅垫,或倒杯水;教师节前夕,送去一张小小的贺卡,或一份小小的纪念品、一封情真意切的信,表示对老师的感激之情。这对老师来说就是最大的安慰和补偿。老师的劳动难以计量,在一定程度上,是一种无偿的奉献,学生的赠品,哪怕只是只言片语,也会使老师激动,使他们感到自己的劳动得到承认。

俗话说"师徒如父子",父爱、母爱是世界上最真挚的,好像是天经地义的,而反过来,子女对父母的关心和爱,哪怕仅有50%,都令父母感到莫大的安慰,而师生之间的感情亦是如此。

4. 开展活动

同学之间,通过各种丰富多彩的集体活动,可以加深彼此之间的了解,增进友谊，师生之间也如此。班级搞的一些活动，除了班主任之外，可以邀请其他老师参加，不仅可以陶冶情操、活跃气氛，还可增进师生之间的感情交流和相互理解。特别是艺术活动，有增强人们内心的道德信念，使人们产生感情上的共鸣，从而缩短彼此间的距离的作用。

有一次新年联欢，国防科工委代培班的同学们，自己绘制、设计别致的请柬送给各位老师，还邀请了学校各个处、室的其他工作人员。这次联欢会，有许多科工委领导，学校的各级领导和教师，还请了学生家长代表。会上同学们自编自演的小品、舞蹈，表达了他们对领导们给他们这些军人后代创造这样一个难得学习机会的感激之情，表达了对园丁们栽培他们的辛勤的敬爱之情，气氛热烈，感情真挚、感人。

男生女生都一样

误区：平等的社会，男女一样，不必区别对待。

男女同学之间相处，一方面要相互尊重，相互帮助，像兄弟姐妹一样相互照顾；另一方面，既要大方、自然，也要严肃、有分寸，尤其是在公共场合，男女同学之间的接触一定要十分注意礼仪修养，把中华民族的传统习惯和世界通行的礼仪要求有机地结合起来。在当代经济、文化发达的国家里，文明程度也较高，在公共场合里，男人照顾女士，男人帮助女士，男人为女士服务是理所当然的事情，不这样做，反而被认为是不合乎礼仪要求的。

但是，具体到男人如何照顾女士，男士怎样帮助女士，男士为女士服务些什么以及怎样服务，就要和我们中华民族的传统和习惯结合起来考虑，否则，别人会看不惯，女士也会受宠若惊，很不自在，反而把主动的男士弄得很尴尬。

当然，对我们中华民族落后的、封建的传统和习惯要不断改革，移风易俗，促使其发展和进步，如男尊女卑、重男轻女这些观念必须革新，树立男女平等，相互尊重的新观念。尤其对我们这些文化水平较高的大学生来说，更应该身先士卒，率先铲除诸如此类的落后观念。

对女同学来说,一定要保持自重,不要以为男同学的帮助、照顾是应该的、理所当然的,有些该自己做的事情也懒得动手,等着男同学来代劳,这是不对的。因为男士帮助、照顾女士的本意是,女人是弱者,男士在体力和精力上都较强,所以强者帮助弱者是符合人类共同道义的。

在现实生活中,根据男女的一般生理特点,男女有着自然的分工,如我国长期的男耕女织,男主外,女主内等,就是最明显的例证。所以,要根据当时当地的情况和条件,男女分工合作,互相帮助,相互尊敬。这样,男女同学的交往才能融洽、和谐,建立的友谊才会永久。

不论是男同学还是女同学都要注意建立自己的信誉,说话、办事要讲信用,言必行,行必果。不要弄虚作假,玩弄手腕,耍小聪明,这些小人之举是最令正直的人厌恶的。

帮别人不如帮自己

误区:人都是自私的,帮别人不如帮自己,费力不讨好的事情不能干。

假如你是班上的学习尖子,你是否感觉到与班里的后进生极难相处?是否察觉到他们不喜欢接近你,还常常找点小事讽刺打击你?而令你矛盾和为难的是,老师又常常要你帮助他们提高成绩,共同进步。这时候,你该怎么办呢?

1. 莫伤对方自尊心

有一位担任班级学生委员的女中学生讲述了这么一个亲身经历的故事。王小红当选学习委员的那一天,向同学们诚恳地说:"既然大家信任我,选我当学习委员,我非常愿意为大家服务,谁在学习上有什么不懂的地方,随时可以来问我,我一定热情帮助。"

可时间一天天过去了,班上成绩落后的同学却没有一个来找她。王小红觉得很纳闷,她以为这些同学是怕麻烦她而不好意思来向她请教。于是,她主动去询问这些后进生。

有一天上早读课,大家都在读英语单词,她却看见有一个同学正在做数学题。于是她走过去对这个同学说:"你哪道题不会,我来帮你!"没想到这个同学一脸不客气："去去去，别以为就你行，我才不稀罕呢。"

王小红听了，心里委屈极了。但事后一想："也许是自己的方法不对头吧？我得找一个能让他们接受帮助的方法。"于是，她请教了班主任，经过了一番冷静的分析与思考，又经过一段时间的实践，终于摸索到了与后进生融洽相处的一套方法。她是这样介绍自己的心得的：

"作为学习成绩好的学生，不能鄙视成绩差的学生，要保护他们的自尊心，尊重他们的人格。成绩落后的同学并不甘心成绩不如别人，但又不愿意让别人认为自己成绩不好。于是，他们宁可不会，也不肯当着别人的面去请教其他同学。所以，要真心真意地帮助这些后进同学，就不能伤他们的自尊心。"

2. 要敢于嘲笑自己的缺点和不足

让别人了解自己，看到自己也有缺陷，拉近自己与后进生的心理距离。自己说错了一句话，做错了一道题，都敢于当众承认并虚心地向别人请教，时间长了，和学习成绩差的同学的关系，自然而然便变得亲密融洽了。

既看到后进生的不足，也看到其长处。俗话说："尺有所短，寸有所长。"学习成绩不好的同学身上往往有一些其他特长是其他人不具备的。肯定他们的长处，尊重客观事实，既满足了他们的自尊心，又促使自己观察到自身的不足，理解到"凡人凡事都要一分为二"这一处世哲理的深刻，从而使自己能更加谦和亲切地与后进生相处。

讲究方式方法，要有恒心不怕碰钉子。其实，后进的同学总是希望有人帮助的，如果能运用适当的方法，让他一而再、再而三地感受到你的热情和真挚，他便会转而接受你的帮助，并从心底里感激你。

3. 团结协作

人际关系是否融洽、和谐，将直接影响一个单位、一个部门、一个集体的整体功能和效力。大家团结一致、齐心协力所形成的合力，往往不是单个力量的加法，有时甚至是乘法。在科技飞速发展的时代，很多事情不是一个人能够完成的，而需要相互配合，相互协作，利用整体的智慧和优势来完成。

就中小学生来说，如果一个学校、一个班集体，同学之间能相互沟通、相互理解，大家和谐相处，在学习上、工作上、生活上互相帮助、互相关心，那么，这个学校、这个班集体就会有好的校风、班风，这个学校、这个班集体的学习、纪律文明水平及各项课外活动就会生气勃勃、健康向上，每个同学也就会感到自己是生活在一个温暖和团结友爱的集体之中。

反之，如果一个学校或一个班集体的同学之间互不往来，缺乏交流和沟通，互相争斗、互相抵触，相互之间缺少团结协作精神，那么这个学校或这个班集体的校风或班风就不正，学校或班集体的整体水平和效力就会上不去，校风或班风就会死气沉沉，学生也就不会感到集体的温暖和力量，就会缺乏集体荣誉感。

由此可见，在一个学校或班集体中，有意识地增进同学们之间的相互交往、相互理解，创造一种积极向上、民主融洽、团结协作的人际关系，使同学们能心情舒畅、精神饱满地投入学习和各项活动之中，对办好一个学校，管理好一个班集体，培养好一名中学生，都是有其积极作用的。

4. 信息交换

中小学生本身就生活在群体之中，而且他们的思想又相当活跃，渴求知识和信息的愿望又相当迫切强烈。因此他们用于相互交往、相互沟通信息的时间占了他们整个时间的绝大部分。正是通过这种交往和沟通，使他们的知识不断丰富、能力不断提高、视野不断开阔。

一般的中学生相互交往、相互沟通信息主要是通过交谈、听讲、阅读和书写这几种方式进行。这几种方式又集中以语言交际和文字交际两种手段表现出来。语言交际是以语言作为交际的媒介，中小学生在校学习中，老师的课堂讲解、课后辅导、同学之间的交流、讨论等，都是用语言进行信息交流的形式。

通过这样的语言交际，同学们接受了新的课程，掌握了新的知识，同学们之间得以相互补充，取长补短。中学生在校外、在社会上通过同长辈、同辈、亲戚朋友及各种场合下所遇到的人和事的交际，又获取了大量社会信息和知识，增加了社会阅历经验。

文字交际是以文字作为交际媒介，以书刊、报纸、杂志、资料以及书信往来为信息交流的工具。通过这些交流工具，中学生获得了大量的间接

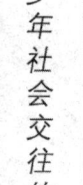

信息，补充了他们以亲身经历而获取的直接信息，扩大了他们的知识面，拓宽了他们的生活空间。

对于中小学生来说，脱离了语言交际和文字交际，他们的学习和知识的获取是难以进行的。尤其是在处于信息时代的今天更是这样。只有把语言交际和文字交际有机地结合起来，灵活运用，才能使中小学生们的信息交换变得更加丰富多彩、卓有成效。

5. 优势互补

在任何一个群体中，各个人的知识、能力、气质、性格都是各不相同的，不可能处在同一水平线上，各人有各人的优势，各人有各人的长处。优势互补，充分发挥各人的特长，是任何一个群体团结向上、取得成功的保证。

对中学生来说，优势互补的作用尤为明显。一个学校的学生、一个班集体的学生，往往来自不同的地区、不同的中小学、不同的家庭，他们的经历和以往所受的教育，他们的知识结构和社会活动能力，他们的气质和性格，均不完全相同，各人有各人的优势和强项。只有通过集体内部、同学之间、师生之间的交往，在多方面的双向交流中取长补短，才能既产生整体效应，又使个人的才能得到更全面的发挥和增值。

现在的中学生是跨世纪的人才。跨世纪的人才就包括需要不同知识、才能、气质、性格的人组成有效的工作或研究群体，这样的群体中所包括的知识结构、智能结构和所达到的水平是任何单个人的能力和作用所达不到的。

同时，人才之间的知识、能力和性格上的优势互补作用，又有利于每个人的发展和成长，达到既提高群体的整体素质，又提高了个人的素质的目的。

中学生正是长知识和培养能力的时候，进行良好的人际交往，互相学习，取长补短，注意发现和学习别人的长处，克服自己的短处，充分发挥人际交往中优势互补功能，对于把自己培养成为全面发展的合格的跨世纪人才，其意义是深远的。

6. 联络和增进感情

人不仅有其自然属性，而且有其社会属性，只有生活在社会群体之中，不断进行感情交流和联络,才能变得乐观、开朗、充满活力,其精力和智能才能得以充分发挥。反之,如果脱离社会群体,长期独处,其性格就会变得扭曲、孤僻,其精神与神情就会变得忧郁和变态。有人说,没有朋友、没有感情联络和交流的人,就好比在阴天里行走的人,没有阳光,没有活力。这话颇有哲理。

中学生虽然有较好的客观存在的交往条件,同学们共同学习、共同生活,共同参加集体活动,但如果自身主观上不注意进行人际交往,加强师生之间、同学之间的感情联络,仍有可能使师生之间、同学之间感情淡漠,相互之间保持距离,互相封闭。这样不仅影响整个集体的欢愉、融洽的气氛和对集体的热爱,甚至还有少数同学会感到孤独、寂寞,时间一长,就会影响学习和身心健康。

7. 相互勉励与促进

人际交往的相互勉励与促进作用,主要指通过交往,使人际关系协调,在情感上产生共鸣,从而促进双方在智力、能力和体力上产生跃进。

在人际交往中,相互勉励与促进的作用是很重要的。在顺利时,它能帮助人们戒骄戒躁,再接再厉,夺取新的胜利;在困难时,它能帮助人们振奋精神,昂扬斗志,克服困难和挫折,达到预定的目标。

对于中学生来说,相互勉励与促进的作用也是显而易见的。在一个班级中,同学之间的学习水平、考试成绩、工作与生活能力往往参差不齐。如何使先进的同学更先进,使后进的同学赶上先进?如何提高整个班集体的整体水平?很明显,同学之间通过交往相互勉励与促进是能起很大作用的。

先进的同学之间通过交往中的相互勉励与促进,会使目标更加明确,前进的步伐迈得更大;后进的同学之间通过交往中的相互勉励与促进,会使信心更足,意志更坚定;先进的同学与后进的同学之间通过交往中的相互勉励与促进,会形成一种先进带后进,后进赶先进的积极向上的和谐气氛。这种作用无论是对学生个人,还是对一个班集体来说,都是必不可少的,都是一种强有力的动力。

女学生爱上男教师也很正常

误区：老师也是人，女生爱上男老师也很正常，古今中外这样的例子很多。

女中学生正处在性觉醒期。法国启蒙主义思想家卢梭称这个年龄是"激动和热情时期"。因此，性的觉醒和感情上的渴求，使女学生不断地萌生出玫瑰色的诗情画意。与此同时，年轻的男教师以"成熟"的形象唤起女学生的注意。

由于教师角色本身的尊严，教师工作所必需的学识和才能，年轻的男教师很容易成为女学生心目中的偶像；同时年轻男教师由于内在的青春气息，更容易成为女学生寄托朦胧恋情的"神龛"。

如果年轻男教师不注重职业道德，或粗鲁大意，或柔情绵绵，就会产生多种传闻、误会，或产生师生之恋。因此，有人就把女中学生和年轻男教师的相处比喻为"浪漫的陷阱"，借以提醒世人，尤其是妙龄少女。

但是，这种比喻是不妥的。事实上，女中学生和异性教师之间所谓的"桃色事件"是极少极少的，绝大多数的男女师生关系是正常的、健康的。人和动物的本质区别之一，在于人的社会性，人不只是像动物一样接受本能的冲动，听从本能的召唤，人更多的是取社会道德规范为行为之准绳。

然而，我们也应该看到女学生和年轻男教师之间的关系是特殊的，导致这种特殊性的根源是"青春。"叔本华曾说过："吸引异性的首要条件是健康、力和美，也就是说恋爱的本钱是青春。"女中学生和年轻男教师都是具有这种"本钱"的，而且非常"富有"，稍有不慎，就会误入歧途，因此，我们说这类师生关系是特殊的。

导致特殊性的另一个原因在女中学生方面。女中学生正值生理上的巨大变化的时期，这种变化几乎必然地伴随着怀春的汹涌。大多数女孩都有这类体验。在与年轻男教师的交往过程中，一些"怀春"的多情少女往往一厢情愿地连连发射"丘比特之箭"，并因此而坠入失恋的无边苦海，导致了多种"不该发生的故事"。

上述特殊性就需要师生双方都能正确对待，树立起正确的人生观和爱情观；同时，师生双方都要正视青春期少女的种种身心变化特点，教师要因势利导，学生要始终保持清醒的头脑。此外，要在学校里开展性教育，提高女中学生自我认识能力以及自我保护能力。

莫让老师错怪你

误区：老师错怪你时一定要争辩，不能让老师就这么错怪下去。

人人都有受委屈的时候，学生难免被老师错怪，碰到这种情况怎么办呢？不妨先让自己冷静下来，采取沉默态度，但这不同于逆来顺受。经过思考，觉得有些错怪无碍老师对你的本质估价，大可以豁达一些，有则改之，无则加勉。

把批评当一声警钟，一种借鉴。如某同学工作一向认真，每当轮到他做值日生总要关好门窗才走。一天夜里，由于门窗的插销坏了，被风刮碎了一块玻璃，第二天老师批评他工作未做好。这位同学没有吭声，又去仔细看了一下门窗，发现了门窗插销的问题，一声不响地把插销修好了。

后来他在周记本上写道："我在关门窗时，没有注意看看门窗是否损坏，可见态度确实不够认真。"这种退一步告诫自己的做法，是完善自我素养的美德。叙述真相，解释原因，消除误会也是正确的态度。

要想当场解决，可以在尊重师长的前提下，以正当方式婉言解释，不要采用争辩的方法。考试测验时，后面的同学要你传递答案，你被他催得不耐烦了，为了断绝后面同学的邪念，你回头说了声："我不能做对不起大家的事。"

如果老师听不清话语，可能认为你在作弊，这时你可以举手示意老师走近课桌边，小声解释。当然，叙述真相采用事后说的方式更好。事后师生都有了反省的时间，你也冷静下来，你的解释更易于被老师接受。至于你的面子问题，可以相信错怪你的老师会在以后给你正名的。

老师认识上的错误，一种是临时错觉造成的，另一种可能是长期偏见造成的。如果是后者，你就得认真想一想造成别人偏见的原因，努力纠正自身的不是。

某班有3个学生没有交作业，都是因为忘了带作业本，老师听了3人的解释后，只是对A同学说："你是没有做，还是真的没有带来？"

因为A同学已是第5次未交作业本了，A同学一气之下奔回家取来了作业本。老师没有一点不快，反而显得很高兴："我错怪A了，在这种问题上，宁可是老师错了，也希望学生是对的。"

A同学后来在学期总结时，写道："由于前4次，我都未做作业，老师当然有理由怀疑我，这次小风波其实是我自己引起的。"

有志者在别人错怪时，不会考虑一时的面子，相反会通过发奋的努力和实践来证明自己的正确。不过作为学生，一定要分清什么是错怪，不要由于自己的任性、自尊而视他人的正确意见为错误的。

公关技巧篇

见面不必繁琐客套

误区：现代人讲究效率，那种迂腐的客套实在无聊。

不能认为见面礼仪是一种繁琐的客套，而是文明社会必需的社会交往规范。

1. 见面介绍的礼节

介绍包括自我介绍和介绍他人。

自我介绍首先应该注意的是把姓报清楚，因为在中国一般只知道姓就可以称呼，如"小马"、"张主任"等。

中国人的名字一般都有寓意，为了让对方记住自己的名字，可以按字面解释，如果用幽默、谐音来解释，会更显得生动、有趣，如"马千里，千里之马"等。自我介绍时，要注视着对方，这表现了对对方的尊重，同时也表现了对自己的尊重。

介绍他人时，应注意按一定的介绍顺序。一般把年幼的介绍给年长的，把地位低的介绍给地位高的，把男性介绍给女性。如："张老师，这是我的同学李××。"若是介绍客人，则要把客人介绍给主人，把后来的客人介绍先到的客人。若是忽然想不起客人的名字，可让客人自我介绍。如："来，你向大家自我介绍一下吧。"这样，就避免了可能出现的尴尬局面。

2. 打招呼

（1）对打招呼要有正确的认识

有的人不重视打招呼，认为天天见面的人就用不着打招呼；有的人认为自己家里的人也用不着打招呼；有的人认为无关重要的人就用不着打招呼；有的人不愿意先向人打招呼，平时就听到有人说："干吗我要先给他打招呼！"等。这些认识都是不正确的。打招呼是联络感情的手段，沟通心灵的方式，增进友谊的纽带，所以，绝对不能轻视和小看。对自己周围的人，包括家庭的亲人、邻里、同学、亲朋好友等，不论其身份、地位、年龄、男女，都应该一视同仁，只要照面就要打招呼，表示亲切、友好，这也是一个人内在修养程度高低的重要标志。至于打招呼的先后是无关紧要的，有的人喜欢拉架子，不愿意先向人打招呼，其实，先打招呼是主动的表现，是热情的象征，获得了人际关系的主动权，有什么不好呢！？

（2）打招呼的方式可以灵活机动

打招呼的方式多种多样，如有的可以问好、问安，有的可以祝福，有的可以握手，有的甚至可以拥抱，有的点头，有的挥手、招手，有的微笑，有的喊一声，有的叹一声等。打招呼的时候，要根据当时的具体情况，表示出对他人的尊敬和重视，如在行走的过程中打招呼时，或是停下脚步，或是放慢行走速度；如骑自行车的时候，或是下车，或是放慢行驶速度；在室内或非行进过程中时，或是起立，或是欠欠身，点点头都可以。但是，不论在什么地方和什么时候，打招呼的时候，都要面带微笑，眼睛看着对方，表示诚心诚意地向别人奉上一个见面礼，不是敷衍了事，客套一番而已。

（3）要认真回谢对方

别人向你打招呼时，要向别人认真地、及时地、热情地回谢。把"谢谢"二字说得恰到好处也很有学问，口与眼要紧密配合，嘴里说"谢谢"时，眼神里一定要表现出真心，不是漫不经心地随便应付一句。否则，毫无表情，连看都不看一眼，就随便敷衍一句，别人立刻会感到你的虚伪，从而会从心底里泛起反感和不快，甚至产生厌烦情绪，回谢之意起到了相反的作用。人多的时候，要向大家致谢，或一一道谢，或一齐道谢，使每个人都感受到你的诚意。

多礼就是见外

误区：自己人在一起不必太客气，客气多礼就是见外，就是不把别人当自己人，就是拒人于千里之外，不利于良好关系的发展。

在社会交往中，难免有请人帮忙、麻烦别人或引起别人不快的情况，这时就要讲关于请求、道歉、道谢的礼貌用语。这些礼貌用语不能简单地理解为客套。

1. 请　求

表示请求的礼貌词使用频率最高的是"请"字。如当主人要客人进门时可单用一个"请"字，要客人入座时可单用一个"请"字，并且附加一些动作。"请"也可和其他语词同时使用，如"请进"、"请坐"、"请把手放下"等。另外，"麻烦你"、"劳驾"等也往往引导出表示请求的话语。

2. 道　歉

当自己的行动妨碍了别人要用道歉语。"对不起"是比较常用的道歉语。如在公共汽车上踩了别人的脚，无意碰了别人或自己的行为给别人带来了不好的后果，都可以道一句"对不起"。另外，"不好意思"也是比较常用的道歉语，当别人向你真诚地道歉时，你必须有所反应，应该原谅他、安慰他，可说"没关系"、"别介意"、"没什么"等。

3. 道　谢

道谢是对对方的好意或某种高尚的行为的一种回敬，由于对方的好意或得到对方的帮助时，要真诚地说一句"谢谢"，即使只是一件微不足道的事。如在公共汽车上别人给你让了座，别人为你倒了一杯水，应说声"谢谢"。如"谢谢你的帮助"、"谢谢你，这件事多亏了你"等。当别人向你道谢时，一般可以说"没关系"、"别介意"、"别客气"等，也可以说诸如"这算不了什么，不要太客气了"等。如果听到对方的道谢而毫无反应，也是不礼貌的表现。

询问别人无需忌讳

误区：想问什么就直来直去，不必拐弯抹角，否则太累。

在公关活动中，询问是不可避免的，询问要讲究一点艺术性，直接询问会产生不快。

1. 问年龄

在西方人看来，询问别人的年龄是不礼貌的，他们不希望别人知道自己的真实年龄。然而在中国，却常常询问对方的年龄，这一定要注意。

一般说来未成年人都希望自己成熟一点，所以他们希望对方估计自己的年龄时说得大一点，所以可以这样问："看你办事情那么老练，今年有18岁吧？"

一个六七岁的孩子，如果问他："今年有5岁了吧？"他会很不高兴，他认为自己一定很矮；如果说："今年有10岁了吧？"他会很高兴，认为你在夸奖他长得快。

询问老人的年龄则刚好相反，因为他们都希望自己年轻一些。如果对60岁的老人说："你今年50刚出头吧？"他会很高兴，但如果问："您今年60多岁了吧？"他就会很不乐意。如果实在看不出对方的年龄，也可直接问"您老贵庚？""您高寿？"等。

2. 问姓名

询问姓名，可以说："贵姓？""请问尊姓大名？"应注意的是，有些人常问："您贵姓？"这是不恰当的，因为"贵"就是对对方尊称，本身就是"您"的意思，所以直接问"贵姓"即可。如果对方自我介绍时没有听清，可以再问一遍，如"对不起，刚才没有听清您的大名"。这样，对方会再重复一遍自己的名字。

3. 问职业

在询问对方职业时，可以问："现在您在何处任职？""您在哪儿工作？"对搞经济的人，也可以问："近来在哪儿发财？"如果不知道对方有无职业，也可以问:"最近忙点什么?"这样,可以从谈话中弄清对方的职业。

4. 问文化程度

在询问对方的文化程度时,一般顺序是从低向高说。假如对方是中专毕业,你开口就问是哪个大学毕业,这样会使对方尴尬,也可以模糊一点问,如:"你是哪个学校毕业的?"

5. 问籍贯

在询问对方籍贯时,一般可以说:"您老家是哪儿的?""您府上是在山东吧?"对方一般会很痛快地告诉你他的籍贯,因为每个人对老家都怀有一种特殊的感情。假如对方和你籍贯相同,则可以以"老乡"相称,这样,双方容易产生一种亲近感。

当对方告诉你他的籍贯时,你可以提及他那个地方的特产、名胜古迹等。比如对方说老家在山东烟台,可以继续问:"是产山东苹果的地方吧?"这种询问会使对方很高兴。

在询问时要注意态度,不要让对方感觉你像是在查户口。当别人询问时,要认真耐心地回答。如果不希望对方知道,可以委婉地避开。

不必太在意称呼

误区:各种称呼太过繁琐,不必太在意称呼,像西方人一样,直接叫名字最简单。

西方人对任何人都直呼其名,即便是孩子叫父母也是如此,但是,我们是中国人,不是西方人,必须注意称呼,否则就是不懂礼貌,就是没有教养。

称呼有称呼对方和称呼自己之分,称呼对方用敬称,称自己用谦称。

1. 敬称

敬称有以下几种:

(1) 从辈分上尊称对方。例如"叔叔"、"伯伯"、"阿姨"、"哥哥"、"姐姐"等。有时称对方"兄"、"姐",但自己未必比对方年龄小。如果对方为女性，且比自己年龄大，可通称为"阿姨"、"大姐"，这种称呼避免了对方是否结婚的问题。

（2）称对方的身份时加上"令"、"贤"、"尊"、"高"等字。例如称对方的侄子为"贤侄"，称对方的父亲为"令尊"、"令严"，称对方的母亲为"令慈"，问对方的年龄称"高寿"等。

（3）以对方的职业相称，如"李老师"、"王大夫"、"张师傅"等。

（4）以对方的职务相称。如"处长"、"校长"、"赵乡长"、"孙经理"等。

（5）以"老"、"大"、"小"等称呼对方。对长辈或比较熟悉的同辈之间，可在姓氏前加"老"。如"老张"、"老李"，亦可在对方职务前加"大"或"老"，如"大作家"、"老经理"等；而在对方姓氏后加"老"则更显尊敬，如"郭老"、"钱老"等；对小于自己的平辈或晚辈可在对方姓氏前加"小"以示亲切，如"小王"、"小贾"等。

⑥直接称呼对方的姓名。一般年纪较大、职务较高、辈分较高的人对年龄较小、职务较低、辈分较低的人可直呼其姓名，也可以不带姓称呼，这样会显得更亲切。

2. 谦称

古时有以下几种，现多已不用。

（1）用"自己不聪明"的说法来称呼。如用"鄙人"等称呼自己，以"愚弟"、"愚兄"等称呼自己的亲属。

（2）用"辈分低"来称呼。如自称为"小弟"、"小侄"等。

（3）用"地位不高"的说法来称呼。如自称为"卑职"，称自己的妻子为"内人"，称自己的孩子为"小女"、"犬子"，称自己住处为"寒舍"、"敝宅"等。

与人交往不必讲究空间距离

误区：与人交往无需讲究空间距离，那些无聊的规矩早该淘汰了。

人与人之间有着看不见但实际存在的界限，这就是个人领域。因此，根据空间距离，也可以推断出人们之间的交往关系。一般来说，交际中的空间距离可以分以下 4 种：

1. 亲密距离

亲密距离在 45 厘米以内，属于私下情境，多用于情侣或夫妻间，也可以用于父母与子女之间或知心朋友间。二位成年男子间一般不采用此距离，但二位女性知己间往往喜欢以这种距离交往。亲密距离属于很敏感的领域，交往时要特别注意，不要轻易地采用亲密距离。

2. 私人距离

私人距离一般在 45～120 厘米之间，表现为伸手可以握到对方的手，但不易接触到对方的身体，这一距离对讨论个人问题是很合适的，一般的朋友交谈多采用这一距离。

3. 社交距离

社交距离大约在 120～360 厘米之间，属于礼节上较正式的交往关系。办公室里的工作人员多采用这种距离交谈。在小型招待会上，与没有过多交往的人打招呼可采用此距离。

4. 公共距离

公共距离指大于 360 厘米的空间距离，一般适用于演讲者与听众，对人们极为生硬的交谈以及非正式的场合。

在公关活动中，根据公关活动的对象和目的，选择和保持合适的距离是极为重要的。

串门不必太讲究

误区：串门做客随便点，不必太讲究那么多的规矩，整天循规蹈矩的，实在太累。

规矩不一定要繁琐，但基本的还是要遵守，尤其是作为一名公关人员去拜访时，礼仪更是必不可少的。

1. 拜访别人时，应事先打声招呼

可以打电话联系："因为有某事想到贵处打扰，我打算某日某时去拜访，不知是否方便?"以防扑空或打乱对方的正常安排。同时应注意拜访时间，尽量避免午睡时间或吃饭时间，也不应在深夜、清晨拜访。拜访时，要注意仪容整洁，服装大方，以示对朋友的尊重。注意仪表，也并不意味着用过多的精力去修饰打扮，更不是要穿奇装异服。

2. 到达主人门前时，要先按门铃或敲门，待到主人开门后再进

敲门时要轻，不要用拳擂门或用脚踢门，若对方家门未锁，也不可径直开启大门，应在门口等待，待对方允许后再进去。若你不认识开门人，应做自我介绍。

3. 进门后，要将外套、帽子脱下

若主人没有准备衣帽架，就应叠好，整齐地放在合适的地方或交给主人。若主人家是地板或铺有地毯，则应换上拖鞋。如果只是在门口讨论一些事情，则不必那么讲究。

4. 进屋后，要先向长者、熟人或其他客人打招呼，等主人安排座位后就座

主人端茶，应起身道谢，并双手接过。若主人不抽烟或主人未备烟灰缸，则最好不要抽烟。

5. 拜访期间，不管主人在不在，都不要随便翻动主人的东西

拜访的时间不宜过长，临走时要向主人道谢，如果带有礼物，可以在进门时交给主人，也可在告辞时请主人收下。已经约定的拜访因意外不能赴约，要事先通知对方，以免对方久等；无法通知时，事后应说明情况，避免引起误会。一般说来，凡是约定了时间，无其他要事，都应严格遵守，并应提前几分钟到达，以免失信。

交友凭感觉，不必讲规矩

误区：谈得来就是朋友，谈不来就拉倒，不必强求。朋友之间不必有太多的规矩。

俗话说："瞎子还有个跛朋友。"人人都有好朋友，只不过有的人多些，有的人少些，而交友的情况又是千差万别的，不过还是可以找到一些共同

规律的。这里我们从礼仪的角度谈谈日常人际交往的方法和艺术。

1. 从思想上重视人际关系

有人说，头几年的工作是为事业成功打基础的阶段，这个基础就是要建立自己的信誉和良好的人际关系，做到工作认真负责，能拿得起，能放得下，获得上司的信赖和群众的认可。人际关系在东方文化环境中表现得十分重要和突出，搞好了就大大有助于事业的成功。

2. 关心自己周围的人

包括自己的家人、亲戚、朋友、同学等。要主动关心、主动帮助，有些还需要主动体贴关照。这样就可以形成良好的人际关系氛围，使你周围的人时刻在关怀着你，指导着你，这就会使你感到前进有方向，工作有劲头。

3. 时刻牢记别人对自己的恩典

我们常说"滴水之恩，当以涌泉相报"，在人际关系中，这一点要大力提倡，在礼仪修养中也是要必须遵守的。人生活在社会中，每一个人都时刻处在人际关系的包围之中，人们相互间以德报德，以恩报恩，关系必然是融洽的；如果人们相互间总是以怨报怨，以牙还牙，必然弄得人心四散，鸡犬不宁，还哪有心思搞工作，搞事业！

4. 求人帮忙时，要选好时机

当别人心情好、方便、闲暇时提出要求，如实说明情况，态度要谦和、礼貌，语言要恰当、周全，不要给别人造成麻烦，更不能使别人冒什么风险。如果条件不具备，没能帮上忙，也要理解别人，说些理解的话，礼貌的话，化解别人的失落感，等以后条件具备时再帮忙。

5. 当别人求助时，要热情对待

在具体做法上，应该在了解清楚有关的情况以后再做决定，不要大包大揽，更不能违法乱纪，损公肥私，毁坏自己的形象。如果了解真实情况以后，有条件帮助，也不一定能帮成，所以说话时要留有余地，以免万一帮不成时，失了自己的面子，也失去别人对你的信任。如果条件不具备，就要如实说明白，只要有诚实的心情和符合事实的言词，会取得别人的谅解和理解的，当然也需要表示出自己的歉意。

6. 讲诚信

对于较熟悉的人和交往较频繁的人要十分注意自己的信誉，说话算数，办事可靠，答应了的事情就要认真办好，办不好的事情要如实说明情况。好友帮的忙要时刻记在心上，并表示感谢，以后有机会时再图回报。经常沟通感情，节假日互送纪念卡、贺卡等。

7. 适当的距离能保护友情

每个人都是一个相对独立的个体，所以，再亲密的朋友也要相对保持一定的距离。这里所说的保持距离，不是说思想感情、理论认识、对某些事物的态度等，而是说在个人生活方面。事实上，没有完全一样的两个人，不论是个人爱好、秉性、品格、情操，还是家庭教育、为人处世等差异的存在总是绝对的，所以，从一定的意义上来说，能在某些方面保持一定的距离，防止相互影响，友好关系才能长久维持。

8. 择良友，拒损友

与什么人相好，与什么人交朋友，要进行十分认真的选择，尤其是年纪轻、阅历浅的人更要十分注意。古语说："近墨者黑，近朱者赤。"农村还有一句更通俗易懂的话："跟上好人学好人，跟上巫婆跳家神。"孔子也曾经说过益者三友，损者三友的道理。人是具有社会性的，什么样的环境，什么样的社会氛围，造成什么样的人。所以，俗话说："学好三年，学坏三天。"当然这是针对小孩子说的，但是也适合于重视人际交往和选择朋友的问题上。

9. 赞赏与鼓励

好友之间要真诚赞美优点，欣赏特长，相互学习，取长补短，共同进步。对于缺点要相互容忍，主动克服，求大同存小异。

10. 热情、真诚、谨慎

不论是对什么人，初次认识，既要热情、真诚，也要谨慎。人总是需要有个相互了解的过程，相互了解的过程也就是建立感情的过程，了解得越深，基础就越好。

要真正了解一个人不是一件简单的事情，需要较长的时间，切不可轻信花言巧语。不是有一句古话叫"路遥知马力，日久见人心"吗，这是千真万确的。

了解一个人除了需要较长时间之外,还要看他的行动。看行动不是看一两次行动,而是要看一贯的行动和实际表现,一贯的言行是否一致。历史和实践归根到底是检验事物的试金石。

处事要圆润,不能有个性

误区:圆滑处事才能不得罪人,才能吃得开,讲个性会得罪人,会受伤害。

"个性"这个词,在生活中是极有魅力的。可以说,个性的存在,才表明你的存在。我们知道,世上所有的事物从来都是各不相同的,我们找不到两片完全一样的叶子,两朵形态完全一样的云,更找不到两滴全然相同的水珠……世界正是以它丰富多变、各式各样的面目显示着它的无比奥妙。作为主宰世界的人,当然也就没有必要把本来就一人一样的个性隐藏起来或者强行改变。

当然,保持个性并不意味着一切与别人截然相反:别人睡觉,我偏起床;别人要安静地看电视,我却硬要在那里唱歌……因为"个性"是否合理,并不在于它是否逆潮流,而只在于它是否有利于社会及自身的进步。把球踢进自己一方的球门,不是我们说的个性;而当好"二传",以便有利于"郎平"们的"扣杀",倒是值得保持的"个性"。

"可保持个性有时会与同学们的友情发生冲突呀!"有同学这样说。友情的价值在于互不伤害各自的创造性。靠双方掩饰自己而保持一团和气的友情,对双方都是有害的。合而不同,双方都保持个性,才能越发相互信赖、相互尊重,建立真正的友情。当然,在某些特殊场合,为了帮助朋友,也需要损伤甚至牺牲自己,但这毕竟是在"万一"的时刻。平时,友情的基础应是双方都不歪曲自己而生活,并保持良好的关系。

明白了这些,我们就再也不必为如何迎合、附和大伙儿而绞尽脑汁,更不用为自己独特的性格、脾气遭到别人非议而苦恼。因为你就是你,"你是独一无二的!"。同学,记住这才是最大的赞美。

七情六欲是人之常情，不必掩饰

误区：妒忌、自卑、骄傲等，都是正常的情感心理，不必虚伪地掩饰自己，装君子，装大度。

虽说人都有各种情感和欲望，但是无遮掩地暴露出来还是不好的，正如你不能为了"真实"和"凉爽"而光着屁股上街。该遮掩的还要遮掩，该美化的还要美化，该克服的心理还要克服。

1. 嫉妒是蚕食人们心灵的毒蛇

俄国诗人普希金说过："嫉妒的发作，就好像黑死症、忧郁症、发怒或者神经紊乱一样，实在是一种病。"嫉妒往往是人们在共同事业中进行有效合作的一大障碍。在一个共同学习的集体中，嫉妒心是产生巨大的离心力的毒剂。

对于别人而言，嫉妒是影响他们发展的阻力；对于嫉妒者自身而言，它使自己学业上不能有再进一步的成绩。可见，如果对胜过自己的同学产生嫉妒心的话，对人对己都是十分有害的，而最终受害的还是嫉妒者自己。

2. 自卑同样是成功的大敌

有的同学只看到别人胜过了自己，别人比自己强，于是就消极沉闷，提不起学习的劲头，老是念叨自己就是这么块料，整日自惭形秽，甚至埋怨自己"朽木不可雕也"。这种精神状态万万要不得。

再说一个人的能力是多方面的，也许你在某一方面比那个同学要差，而在另一方面就可能比他强；也不说你对自己的认识是否错误，有没有采取正确的方法开掘自己的巨大潜力，即便你真的有好多方面比不过有的同学，也不应该自暴自弃，萎靡不振，而应该奋发努力，以勤补拙，迎头赶上。

著名电影演员张瑜赴美留学之初，还没有过语言关，其他基础课程的学习也有困难，许多美国同学不知要胜过她多少，但她以"从零开始，不从负数开始!"的精神,踏踏实实地刻苦学习,终于成了加州州立大学电影、电视、广播管理系的合格学生,并立志攻读硕士学位。可见,摆脱自卑才能振奋起来,取得长足的进步。

3. 麻木,更是一种糟糕的心理状态

它源于自卑,又不同于自卑。有这种心理的人常常口口声声说:"我已经无所谓了。"这比自卑更可怕,因为一个人麻木以后,往往抱着一种彻底的不求上进的态度。不根除这种可怕的病态心理,一个人的成绩、进步无从谈起。遇到这样的同学,老师、家长、同学有时倒应该对他大喝一声,让他猛醒,并给他更多的关心与激励。

实际上,胜过自己的同学是自己不断进步的最好推动力。在这样的同学面前,我们应该真诚地向他们学习,清醒地看到自己的不足,进而急起直追,并努力超过他们,从而引导自己走向一个又一个的高峰。从某个领域、某个范围来说,经过努力,"我"一定会超过"他",但"天外有天,山外有山",所以"我"应该进行不懈的努力。

男女有别,不能一视同仁

误区: 男人是和女人不同的动物,是不一样的,不能一视同仁。

女同学与男同学相处,或把男同学看成仇敌,保持"冷战",或过分亲密超越界线。男同学有着许多令女同学羡慕的特点,如开朗大度,不斤斤计较;豪爽实在,不搬弄是非;热情大方,不小家子气……而这些又正是女同学交往中常常感到欠缺的,因此,女同学完全没有必要对男同学人为地筑上一堵"隔离墙",正常的相处没有坏处,只有益处。

与男同学相处,首先是别老记着"他们是男的",而要想到他们只是同学。于是,一切可与别人谈的,尽可以同他们谈,如刘晓庆的演技,马拉多纳的球艺,波黑内战,时装表演,还有宇宙天体的新发现……谈笑自如,谈吐自然,也可以一起活动,你帮我助,如打球、赛歌;听一次音乐会,或者做一次郊游,与他们同排一个节目,共商如何演讲;也可以为了一道题,同他们争论不休;也可以为了一篇文章,与他们切磋再三。同学,本来就该这样正常相处。

其次，与男同学相处，有时又不能忘了"自己是女的"。那些只可在同性朋友中说的悄悄话，做的特殊事，当然应对他们回避；也不要把接触面围得太小，专与几个甚至一个男生相处。与他们只是同学、朋友，而非恋人（校纪法规明文规定，我们起码得自觉遵守），因而，需要有意识地防止自己坠入"情网"。诚然，友情与爱情，虽仅是一字之差，但却是不容混同的。

男生就该有一帮兄弟

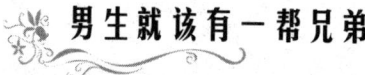

误区：一个好汉三个帮，有一帮哥们兄弟就不会有人欺负自己。

在校内拉帮结派，搞"校园三结义"，分不清集体主义与帮派思想，革命英雄主义与哥儿们义气之间的界线，陷入危险的误区。据报载，1994年夏天，福建某县曾发生一起5名高三学生因屡试不第，不满现实，而集体自杀（未遂）的事件。据了解，这几名同学特别喜爱一起看录像、抽烟、打麻将，他们的行为完全是受武打枪杀暴力等的影响。

此外，团伙现象历来是学生之间打架斗殴的根源。某校初三学生王某在放学途中，由于车速过快、刹车不灵而与外校一名学生李某撞车，虽然双方人车都无损伤，但因撞车责任纠纷，两人各纠集一伙人斗殴，双方大打出手，结果酿成2死8伤的恶性案件。

可见，学生之间拉帮结派，为非作歹，害人毁己，危害重大。青少年正值青春躁动期，精力充沛，易受外界事物的刺激和影响，好冲动，好表现自己，如果没能把旺盛的精力用在学习上，过剩的精力没能分散在健康的兴趣与爱好中，就会觉得生活单调、精神空虚、无所事事。于是在充斥着暴力武打枪杀色情等不良影视作品的影响下，很容易盲目模仿以致走上拉帮结派的道路，以寻求刺激和发泄过剩精力。

那么我们学生怎样避免误入团伙，走上歧途呢？

首先，要掌握起码的法律常识，明白什么事做了违法，什么事绝对不能做。

其次，通过参加学校各类活动，树立集体主义观念和集体荣誉感，在丰富多彩的校园生活中展示和表现自己，充分享受学校生活的乐趣；如果遇到不顺心的事，可及时向同学、老师和家长或亲友倾诉，及时得以排解。

总之，校园团伙现象的形成和根除绝不是一朝一夕的事情，需要学校、家庭和社会三者的紧密配合和共同努力，但最关键的是我们每个同学都应保持清醒头脑，提高辨别是非的能力，避免陷入危险的误区。

代沟问题无法解决

误区：代沟是现实的存在，无法避免，也无法解决，心里话只能对朋友说。

中学生因为与父母艰看法不一致而导致矛盾、争吵，甚至出走。有人说中学生与父母二代人之间存在着无形的代沟，更有人说这无形的代沟是难以逾越的鸿沟。其实，这个所谓的"代沟"即使存在，我们也可以齐心协力动手来填平它，或者架上来往的桥梁。那么，与父母看法不一致时，我们该如何办呢？

要别人理解，首先要理解别人。作为子女，要得到父母的理解，首先要理解父母。比如许多父母对子女晚上外出，总不放心，有的父母干脆一直坐等子女回家。子女回家后还要盘问一番，唠叨几句。对此，有些子女觉得父母管得太宽，认为干涉了自己的自由。他们难道就不能想想父母这样做，究竟为了什么？

如果能理解到父母这样做的出发点是为自己，能理解到父母的一片赤诚的爱心，那么，也就可以心平气和地对待父母了，即使父母多问了几句，多说了几句，也不会耿耿于怀了。再说，扪心自问，自己又有多少社会经验？父母毕竟是长辈，他们的社会经验比自己要丰富，他们的许多提醒也不是毫无道理的。

其次，要很好地分析一下，如果自己与父母的分歧是非原则性的，大可不必计较。记得某报一次登了一篇女中学生的文章，文中说道，一个下雨天，别的父母都去接自己的孩子。唯独她的父母没有去，于是她"第一次知道了什么叫孤独",因而与父母有了隔阂。有位老同志对此说得好:"一个孩子从襁褓到成人,做父母的做了多少事,一次下雨没送伞算个什么,千万次温暖都不算,一次未送伞即'种下了隔阂的种子',这样的神经质应该批评。"

再说,送不送伞完全是个小问题,非原则性问题,为什么要看得那么重呢?再次,有时候与父母的分歧确实带有原则性,并且自己确实也是正确的,那该怎么办呢?我们认为也可以妥善地处理好。一般的做法是坐下来推心置腹地与父母交换看法,可以诚恳而耐心地陈述自己的想法。如果双方争执不下,切忌粗暴地给长辈乱扣"帽子",不妨先冷一冷,让父母有个思考的过程。人的情绪是可以转变和化解的,精诚所至,金石为开,相信父母最终会接受你的意见的。

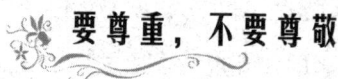
要尊重,不要尊敬

误区:尊重是一种对等的平等的关系,而尊敬却是讲究上下尊卑的奴性关系,不符合现代社会的国际化趋势。

快速掌握繁多礼仪知识的秘诀是把握礼仪的4项基本原则:尊敬原则、适中原则、真诚原则、自律原则。把握了这4点,你就不会出太大的洋相。即使一些细节弄错了,也会得到谅解。

尊敬之心是礼仪的根本。这可以从古人创造的文字来看:繁体的"礼"这个字的本意是指敬神,引申为尊敬;仪,容也,引申为形式、仪式。把一个人内心对自己、他人、集体、事业、社会、自然、民族、国家的尊敬之心通过得体的美好形式表达出来,这就是礼仪。

所以只有内心充满了敬意,你才会显得彬彬有礼。比如,在与人交往中,约会是常有的事。与人约会最重要的是守时。一个尊重自己、尊重他人的人是不会总让别人等候自己的。除非你有突发的紧急事务而又无法通知对方。

中国被世人称之为"礼仪之邦",这是华夏子孙的光荣。对于一个文明社会来说,讲礼仪是维系社会运转的润滑剂,是维系社会健康的良药。但是润滑剂用滥了同样会影响社会的正常运转,良药服过了量无异于中毒。

有人曾讲过这样的事情：

一位司机酒后开车将行人撞死，自己也因此坐了牢房。究其原因，就为了一个"礼"字。那天，他开车为朋友拉家具，那位朋友在感激的同时想起了"来而不往非礼也"的礼训，便设宴招待了这位司机。可偏偏这位司机又信奉"无酒不成宴"、"无酒不成敬意"的礼，虽明知酒后开车为法纪不容，但盛情难却，为了不失"礼"，只好自己给自己开了违法的绿灯。结果竟为一个"礼"字办了件终生遗憾的蠢事。

某县一位农民在邻居大办喜事的同一天，吞下农药离开了人世，他就是因为自己送不起礼，怕"失礼"被同村人看不起，甚觉脸上无光，无脸活在这个世上了，成了"礼"的殉葬品。

当人类已进入21世纪，现实生活中，却还有一些人抱着封建礼教、礼规不放，既害了别人，也害了自己。李大妈在儿媳妇面前总摆出当年自己那位婆婆的威严，照着数不尽的老礼来衡量儿媳妇的一言一行，家庭气氛紧张。

由此看来，随着时代的变迁，老祖宗留下来的"礼规"、"礼法"、"礼训"以及有关的一切传统做法都应该重新审度；中华民族的传统美德当然应当保留，但有的规则应该去其糟粕。对于有用的，用时需适时适度，而且用时有的应赋予其新的内涵。

表情酷酷的才有魅力

误区：板起脸来，摆出酷酷的表情，才有魅力，整天笑不嘻嘻的，很俗。

人们有一个非常动人的表情，那就是微笑，生理学家指出，人在微笑时面部肌肉有13块在动，而人在皱眉时，有47块面部肌肉被使用。微笑是一种自然的表情，能够使他人感到愉快。

我国一家公司在其广告中曾这样写道："它不费什么，但产生很多；它使得者受益，施者不损；它发生在瞬间，但回味无穷；没有富人不需要它，也没有穷人不拥有它；它给家人带来欢乐，给事业带来兴旺，给朋友带来愉快；它使疲倦者得到休息，失望者见到光明，悲哀者看到希望。它是消除痛苦的天然良药。它不能买，不能求，不能借，不能偷，因为它在人们拥有之前毫无价值。假如在购买的最后一分钟的忙碌中，我们售货员因过分疲劳未能给您一个微笑，那么我们是否能请您留下您的一个微笑呢？"

由此可见微笑在人际关系中的作用。适时地对他人报以微笑是有礼貌的表现。

必须掌握社交的若干条技巧

误区：要想人缘好，必须掌握一些社交技巧。

网上随便就能看到社交技巧多少多少条，我们不禁要问，那些人缘好、有社交魅力的人是不是把这些技巧倒背如流才有这么好的表现的？在社交方面经常有一种本末倒置，一些人把有威信的人的样子总结出来，认为那就是规律，大家照着做就没问题了。但问题是社交好的人并不是照着什么条条框框去做的，也没有技巧，是他们有健康、坦然的心态，技巧都是在好的心态下自然产生的。

光掌握技巧，没有调好心态，人必然会心虚、做作。所以，不是要总结有魅力的人的外在表现，而是抓住他们与不擅社交的人在心理上有什么区别，在心理上进行调整。当然，人际交往中有一些规矩，不同环境有不同规矩，算是修养的问题吧。

倾听时，目视对方

误区：对对方说话时，要看着对方的眼睛，否则就会被人认为心不在焉。

交谈时双方目光接触应该占总交谈过程的一半以上。其实只要不是正式会谈，普通的人与人交往应该是最自然的状态，达到一个舒服的境界。擅长社交的人才不会在乎什么时候看着对方，什么时候不看，这都是自然而然发生的事情。很多人说不敢看他人的眼睛，这是因为心理状态有问题。光调整眼神，人岂不是更紧张。

赞美激励篇

一定要欣赏自己

误区：学会欣赏自己，才能增强自信心。

有人认为，在越来越个性化的社会交际中，"欣赏自己"已被越来越多的人们接受和应用。这本是一件好事，因为它起码表明了人已经开始注意个人在社会中的价值和作用，有利于个性的张扬和主观能动性的发挥。

可往往物极必反，"欣赏自己"到了一定程度就会发展成为极端的自私自利；发展为唯我独尊的骄横和霸道；发展到了"宁可我负人，不可人负我"的个性变态。这样的"欣赏自己"最终会毁掉自己，失去别人的帮助，走向人生的黯淡、寂寞和孤独的泥潭。

学会欣赏别人，当然最好还是别做什么"追星族"、"追款族"，把欣赏变成崇拜，追星追款追得自己都找不到了，这样"欣赏"不是很悲哀吗？如果我们肯把自己欣赏的目光从那些近似海市蜃楼般的"星系"中收回来，看看你身边这些你从来不曾欣赏过的人，你会发现，他们虽不如明星、大款那般被传媒"炒"得火爆，但他们却仍然认认真真地生活着，努力地工作着，真诚地与人打着交道。

他们在与人交往中所表现的同情、关切、微笑和互相帮助都是朴实而真切的。这些人就生活在你的周围，他们是你的亲人、朋友、同学和邻居，他们在你失败受挫时安慰你、帮助你；在你成功高兴时会鼓励你、赞美你；下雨时，他们会拉你同在一个屋檐下躲雨；刮风了，他们会为你披上一件

御寒的风衣。这些人才是你真正应该欣赏的人。

或许他们身上也存在着各种各样的缺点和不足，他们烦恼时也会喊一喊、骂一骂，他们在背后也要议论别人的优点和缺陷，他们也喝酒、抽烟、打麻将，也有七情六欲。社会有多复杂，他们就有多复杂。但这些"恶习"谁能保证自己身上就没有呢？真正懂得交际艺术的人，是知道怎样用欣赏的目光把一堆粗树根变成艺术品，明白善意的批评也许会使恶魔变成美丽的天使。

善于理智地欣赏别人的人，他总会得到更多人的欣赏和帮助，创造一个更适合个性发展的宽松、和谐又充满人情味的人际环境。

学会欣赏别人，会帮你成功。

不要花言巧语处处拍马屁

误区：做人要实在，不要对谁都说漂亮话，去虚情假意地赞美别人，骗取别人的好感。

如果说这个世界上有一种东西，人人都需要，人人都拥有，而又几乎人人都不愿慷慨给予的话，那么，这种东西就是对别人的赞美。扬人之善不花本钱，只付出言辞，是一种非常便宜的交往技巧。

我们常听到有些洋人带着钦佩与赏识的表情，声音响亮地对别人说great（好棒）、excellent（出色）、marvellous（了不起）和wonderful（奇妙）等字眼。听了这样的赞美，心里面总是感觉甜滋滋的。和他们相比，我们中国人就比较保守含蓄，很少开口赞扬别人。其实，人人都期望被称赞。赞美是许多声音中最甜蜜的一种，它激发人向上，鼓舞人建立信心。

亲戚朋友相会，学界名流围坐，昔日同窗欢聚，人人都愿意把自己最漂亮的一面展现给大家，人人都希望得到别人的赞美。

但是，因为我们总是等待着别人的赞美，没有时间欣赏别人、赞美别人，所以在各种各样的聚会中，总是缺乏赞美，缺乏对别人的赞美。

古人云："休将自己心田昧，莫把他人过失扬；谨慎应酬无懊恼，耐烦做事好商量。"中国人过去总把"隐恶扬善"作为做人应有的美德，但今人往往"隐善扬恶",并且以揭发别人的隐私为乐,其实做人要将心比心,自己的过往又何尝愿意让别人当成话题谈论?司马迁在"孔子世家"里,暗示孔子曾经有类似的毛病,并且使他老人家活得很不顺心。他当时"去鲁,斥乎齐,逐年宋、卫,困于陈、蔡之间,于是反鲁"。然后他到周室"问礼",遇到老子。老子对他的事很了解,送给他两句临别赠言:"聪明深察而近于死者,好议人者也。博辨广大危其身者,发人之恶者也。"

这是说孔子不能扬人之善,专爱揭人家疮疤。仅仅有这个毛病,也许问题还不大,如果加上你又有挑毛病的杰出才能,一挑就挑在了点子上,那就难免有大难临头了。孔子回到鲁国后,一定改了不少老毛病,所以史记说他"弟子稍益进焉"。

隐人之过,不是文过饰非,而是替人遮掩天生缺陷、偶尔的过失和在同样条件下大多数人也难免会犯的错误。生活中,只要我们着重于别人的长处,慷慨给予赞扬,原谅别人的短处,设法帮忙他们纠正缺点,如此,许多纷争不快都可以大事化小,小事化了。

林肯说过:"每个人都喜欢赞美。"赞美之所以得其殊遇,一是在于其"美"字,表明被赞美者有卓然不凡的地方;二是在于其"赞"字,表明赞美者友好、热情的待人态度。人类行为学家约翰·杜威也说:"人类本质里最深远的驱策力就是希望具有重要性,希望被赞美。"因此,对于他人的成绩与进步,要肯定,要赞扬,要鼓励。当别人有值得褒奖之处,你应毫不吝啬地给予诚挚的赞许,以使得人们的交往变得和谐而温馨。

历史上,戴维和法拉第的合作是一个典范。虽然有一段时间,法拉第的突出成就引起戴维的嫉妒,但是两个人的友谊仍被世人所称道。这份情缘的取得少不了法拉第对戴维的真诚赞美这个原因。法拉第在与戴维相识前,就给戴维写信:"戴维先生,您的讲演真好,我简直听得入迷了,我热爱化学,我想拜您为师……"

收到信后,戴维便约见了法拉第。后来,法拉第成了近代电磁学的奠基人,名满欧洲,他也总忘不了戴维,说:"是他把我领进科学殿堂大门的!"可以说,赞美是友谊的源泉,是一种理想的黏合剂,它不但会把老相识、老朋友团结得更加紧密,而且可以把互不相识的人连在一起。

也许你觉得你周围的人的确是平凡极了,并没有人有做出过非常显著的成绩，找不出赞美的理由。事实上，在日常生活中，能做出显著成绩的人并不多，而能做出显著成绩的时候更少见。

因此，应从具体的事件入手，善于发现别人哪怕是最微小的长处，并不失时机地予以赞美。赞美用语越详实具体，说明你对对方了解得越多，对他的长处和成绩就越看重。让对方感到你的真挚、亲切和可信，你们之间的人际距离就会越来越近。如果你只是说些空泛飘浮的大话，不但达不到效果，还会引起对方的猜疑，甚至产生不必要的误解和信任危机。

总是赞赏别人的人很虚伪

误区：见面就说漂亮话，这种人很虚伪，嘴上说漂亮话的人，心里还不知道怎么想的呢，这种人一定要提防。

有这么一个故事：这一天，上帝异想天开，把天使和魔鬼放在一起制成了肉馅，想做成一种特殊风味的饺子。但上帝一不小心把肉馅撒落在地上，于是就变成了人。有哲学家说，人一半是天使，一半是魔鬼，典故大概就出于此。这个故事告诉我们，人身上总有一些真、善、美的东西，也总有一些假、恶、丑的东西。俗话说"尺有所短，寸有所长"，和你一起的同学都有各自的长处、优点，都有比你优秀的方面，这就需要你能随时随地寻找、欣赏同学的优点、长处以及其他可取之处。

你欣赏每个人，看每个同学都很好，无形中调整了自己的心态，提高了自己的修养，自身就有了很大的良性磁场，自己无意之中也得到了许多东西。能够寻找和欣赏别人的优点，也是一种聪明。多寻找、发掘和欣赏别人的优点、长处，才能更好地接纳别人，才能更好地与别人取长补短、互相学习，才能更好地处理与他人的关系。

我们的古人都懂得"水至清则无鱼，人至察则无徒"的道理。可是，在今天的学习生活中，有些人对自己的同学、老师，以及其他人求全责备，总是看到别人的缺点、短处多，看到别人的优点、长处少，甚至片面放大别人的瑕疵，或把某个人看得一无是处。法国管理学家 R. M. 凯特说："如果你忙于寻找否定的东西，你势必看不到肯定的东西。"

只注意缺点的人，别人的长处在他眼里也容易变成不足。台湾作家郑石岩在《禅·生命的微笑》一书中说："人情上的破坏，是由于彼此揭发丑陋的隐私，而不去欣赏别人的成就。所有的固执、偏见、纷争和嗔怒，都源自不懂得欣赏别人和吸纳别人。"

一位女士在媒体的"电话与家庭·情感热线"中，讲起了她在人际关系上遇到麻烦和烦恼。她今年35岁，孑然一身，迄今为止已更换过至少10次工作，现在在一家公司上班，但很快也要另觅去处。原因都是因为"与领导和同事合不来"。

当问她为什么合不来，她说她所遇到的那些领导"没有一个有水平的，他们除了摆摆臭架子，做不成几件像模像样的事儿"；她所遇到的那些同事"都没有什么文化，浑浑噩噩，缺乏教养"。她说其实在婚姻上她也同样令人失望，因为在她身边的那些男人们，几乎也都缺少她所期望的那种高雅的气质与修养，尽管一次碰到一个"感觉上稍好一点的"，但因其两个门牙间的空隙大了些，让她觉得不舒服，也就只好作罢。

"他人便是观世音"，"众生皆有佛性"。和别人相处时，我们首先要抱有欣赏的态度，而且这种欣赏是发自内心的，不能先存了偏见，再去看别人。如果我们没有了偏见，就容易多看到别人的好处、优点，而不是总看到别人的坏处和缺点。

无原则地宽容别人就是纵容犯罪

误区：宽容是有原则的，违背原则的事情绝不宽容。

人要学会宽容人。法国名作家雨果在《悲惨世界》中说："尽可能少犯错误，这是人的准则；不犯错误，那是天使的梦想。"的确，在人的一生中，有谁不犯错误，不办错事呢？当人们办了错事，做了对不起别人的事的时候，总是渴望得到别人的谅解，总是希望别人把这段不愉快的往事忘掉。反过来说，如果自己遇到别人有对不起自己的言行时，就应该设身处地，将心比心地来理解和宽容别人。俗话说："将军额上能跑马，宰相肚里能撑船。""量小非君子，无毒不丈夫。"这都是劝人在为人处世中要豁达大度，对人宽容。

演艺界的大姐级艺人白冰冰女士，在痛失爱女白晓燕之后，成立了"白晓燕文教基金会"，不遗余力地提倡"MQ"——道德指数的教育，希望在这个价值观逐渐被扭曲的社会中，唤起大家对伦理的重视。

生活在这里的每一个人，都和我一样，看见白冰冰女士重新出发，获得更多更大的生命能量。不论她在演艺界复出，演出《春天后母心》连续剧，收视率高居第一，或是主持各种电视节目，以专业演艺的水准说谈逗唱，让观众获得娱乐效果，我们可以印证，怨恨难以持久，唯有将怨恨转化成爱，才能成为永恒的力量。

不要担心自己做不到。我们之所以非常在意别人的过错，通常是害怕自己若不这么做就会变得"软弱"。我们常在潜意识里担心——"原谅"是不是代表自己已经向对方妥协？"原谅"是不是就等于屈服在对方的错误之下？事实上，"原谅"没有那么难，也没有那么伟大。

"原谅"对方，表示自己已经平静下来，不在情绪上和对方斤斤计较。"过去就算了！"排除心中的疙瘩，将怨恨赶出情绪的牢笼，消极的意义，就是释放自己心中的负担而已；积极的意义，却是避免自己和别人再受到同样的伤害。

"原谅"并不代表"重新接纳"。"原谅"是情绪上的不计较；"重新接纳"却是要当作一切不幸或伤害没有发生过。后者比较接近宗教的思考，凡人很难做到。

你我都是凡人，没有必要勉强自己。拥抱敌人的确是痛苦的，我们都无须矫情。对方的过错，由他去承担。我们内心的爱与坚持，却必须靠自己在受伤之后重建！用"原谅"释放了怨恨，才能把怨恨转化为力量！

西奥多·凯勒·斯皮尔斯强调："如何宽容他人，这是我们需要学习的一种能力；我们不能将宽恕是作为一种责任，或视为一种义务，而要把它当作类似于爱的体验，他应自发地到来。"

一个人要想使自己生活更加美好，让自己的周围充满温情，就应当是当地让自己多宽容别人。当你觉得别人冒犯你的时候，你自己也想，我身上其实也有很多别人无法忍受的错误，需要得到别人的宽恕。

露西一生都痛恨她的父亲，而且她认为这种痛恨是完全正当的。因为露西的父亲抛弃了她的母亲、露西和其他的几个兄弟姐妹。每当她的母亲怀孕时候，父亲就失踪了，直到婴儿降临到世上，父亲才露面。而当他一踏进家门，从前的痛苦经历就又会重演，他让每一个孩子都受尽打骂，有时候还用马鞭狠打母亲。露西的痛恨与苦恼最终伤害了她健康。其实宽恕对于她来说，是最好的解脱方式。

宽容不会失去什么，相反会真正得到：得到的不只是一个人，更会是得到一个人的心。正像明朝洪自诚所说："处世让一步为高，退步即进步的张本；待人宽容一分是福，利人实利已的根基。"

《圣经》中有一句话："你待人当如人之待你。"西方人认为这是为人处世的"黄金规则"。因为这一规则贯穿这样一条规律：别人对待你的方式是由你对待别人的方式决定的。宽容是人类应该具有的一种修养，是一种美德。宽容来源于自信，来源于勇敢，来源于善良的心。宽容是融化人际间冰块的一剂良药。

北京潭柘寺内一副对联另有一番境界："大肚能容，容天下难容之事；开口便笑，笑世上可笑之人。"这副对联在宽容上强调的是要容天下难容之事。一般人要宽容一般的事，还比较容易；遇到难容的事，能够宽容的就不容易了。对待难容之事，需要"糊涂"一点。

当然，宽容并不排斥严格要求，在大是大非的问题上尤其糊涂不得，而在涉及个人恩怨的问题上，还是"糊涂"一点好。郭沫若和鲁迅之间"曾用笔墨相讥"。但在鲁迅逝世之后，他却不像有人那样趁"公已无言时"前去"鞭尸"，而是挺身而出捍卫鲁迅精神。

同时，他还"深深自责"以前"偶尔闹孩子脾气和拌嘴"，他表示："鲁迅先生生前骂了我一辈子，鲁迅死后我却要恭维他一辈子。"坚持原则，不计较个人恩怨，郭沫若表现了可敬的豁达大度的精神。廉颇向蔺相如"负荆请罪"的故事也是如此，蔺相如大事清醒，在小事（个人恩怨）上"糊涂"，因此能在"难容"之事上采取宽容的态度。

提防给你戴高帽的人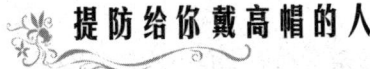

误区：拍你马屁的人一定是别有用心的人，这种人要提防。

有一位学生要到外地去做官，头天晚上，他去拜访先生。他对先生说："我马上要到外地去做官！"先生说："到外地做官不容易，你要小心谨慎为好！"学生回答说："先生，没关系，我已经准备100顶高帽子，见人就送，我看做官也就不难了！"

先生听后十分严肃地说："我辈做官，岂能阿谀奉承、吹牛拍马呢！"学生赶紧说："先生说得是，要是天下人都像先生这样不喜欢高帽子，那该多好呢！"先生一听："不错，你这话说得有道理。"

于是，学生看到先生那高兴的样子，忙对别人说："各位朋友，我准备的高帽子，现在只剩下99顶了！"这位学生很懂得说别人好话，尽管先生嘴巴上不喜欢高帽子，但心中还是喜欢，只要你巧妙地为他戴上，他还是挺乐意的。

人人都需要赞美。人类就是喜欢听好话，就是喜欢戴高帽子，这就是人性的弱点。

在现实的交往中，大凡向别人敬献谄媚之词的人，总是抱着一定的投机心理，他们自信不足而自卑有余，无法通过名正言顺的方式博取对方的赏识，表现自己的能力，达到自己的目标，只好采取一种不花力气又有效益的途径——谄媚。他们不一定别有用心，只是由于自身的不足而采用这种行为。但是要如何做好"高帽"呢，这要讲究一点技巧。

1. 恭维话要坦诚得体，必须说中对方的长处

心理学家克林克曾做过一个调查，发现"良好的人际关系对生活的幸福，具有首要的意义"。良好的人际关系，是"亲密的人际关系"，而"亲密的人际关系，却要建立在坦诚与真实上"。

除了真诚，另外一个赞美的原则就是"具体化"。比如赞美别人的衣服漂亮，那么是哪一点让你觉得漂亮呢？颜色，款式，还是质地？再比如你要赞美别人优秀，那么是什么让你觉得他优秀？与其说"你真的是一个很

优秀的人"，不如具体地说"你为人特别热情，跟你相处我觉得很轻松"、"你开朗的心态让我非常欣赏"等。

人总是喜欢奉承的。即使明知对方讲的是奉承话，心中还是免不了会沾沾自喜，这是人性的弱点。换句话说，一个人受到别人的夸赞，绝不会觉得厌恶，然而如果对方说得太离谱了的话，就会产生相反的后果。

2. 背后称颂效果更好

罗斯福的一个副官，名叫布德，他对颂扬和恭维，曾有过出色而有益的见解：背后颂扬别人的优点，比当面恭维更为有效。

这是一种至高的技巧，在人背后称赞人，在各种恭维的方法中，要算是最使人高兴的，也最有效果的了。

如果有人告诉我们，某某人在我们背后说了许多关于我们的好话，我们会不高兴吗？这种赞语，如果当着我们的面说给我们听，或许反而会使我们感到虚假，或者疑心他不是诚心的，为什么间接听来的便觉得悦耳呢？因为那是真的赞语。

德国的铁血宰相俾斯麦，为了拉拢一个敌视他的属员，便有计划地对别人赞扬这个部属，他知道那些人听了以后，一定会把他说的话传给那个部属。

3. 高帽要戴得合乎时宜

从前有一个人，在许多人面前赞美他父亲的德行，说他父亲的心很仁慈，不曾损害别人，也从未掠夺过别人的财物，待人很是公正直爽，不说谎话，而且看到别人有困难的时候，还肯帮助人家。当时在场的还有一个呆子，就想自己也应该赞美父亲一番，就说："我父亲的德行，还胜过你的父亲呢。"

大家就问他，那是一些什么德行？呆子回答说："我父亲从小以来就断绝淫欲，不干这种事的。"

大家听了都哄笑起来，说道："你的父亲如果这样，那么他怎样会生出你来呢？"

这个故事比喻：赞美别人的好处，须要符合实际；捏造的谎言非但不能达到预期的效果，反而会招到别人的鄙视。所以佛教五戒中制止妄语。

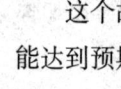

同时对于不了解的人，我们最好先不要深谈。要等你找出他喜欢的是哪一种赞扬，才可进一步交谈。最重要的是，不要随便恭维别人，有的人不吃这一套。

高帽就是美丽的谎言，首先要让人乐于相信和接受，便不能把傻孩子说成是天才一样的离谱；其次是美丽高雅，不能俗不可耐、低三下四，糟蹋自己也让别人倒胃口；再者便是不可过白过滥，毫无特点，不动脑子。小偷看见狗从旁边走过，便不停地把小块面包扔给他，狗对小偷说："你这家伙，给我滚开！你这种好意使我感到非常害怕。"

讨好你的人有求于你

误区：讨好你的人必然有求于你，通常这种人很有心计，还是远离点好。

清朝刊印二十四史时，乾隆非常重视，常常亲自校核，每校出一件差错来，就觉得是做了一件了不起的事，心中很是痛快。

和珅和其他大臣，为了迎合乾隆的这种心理，就在抄写给乾隆看的书稿中，故意于明显的地方抄错几个字，以便让乾隆校正。这是一个奇妙的方法，这样做就能显示出乾隆学问深，比当面奉承他所取得的效果要好得多。皇帝改定的书稿，别人就不能再动了，但乾隆也有改不到的地方，于是，这些错误就传了下来，今天见到的殿版书中常有讹处，有不少就是这样形成的。

和珅工于心计，头脑机敏，善于捕捉乾隆的心理，总是选取恰当的方式博取乾隆的欢心。他还对乾隆的性情喜好和生活习惯，进行细心观察和深入研究，尤其是对乾隆的脾气、爱憎等了如指掌。往往是乾隆想要什么，不等乾隆开口，他就想到了，有些乾隆未考虑到的，他也安排得很好，因此，他很受乾隆宠信。

和珅拍马屁高在2点：①知己知彼，每拍即中；②让对方浑然不觉却全身舒坦，因为他做得无声无息，不着痕迹。

如果一个人的学识、机智、地位等到了一定水平，恭维话便可大讲特讲，说得有声有色。只是已不能称为"马屁"了，而应叫做谦和。钱钟书先生即为一例天才。

有一年冬天，他访问日本，在早稻田大学文学教授座谈会上即席作了《诗可以怨》的演讲。开场白是："到日本来讲学，是很大胆的举动，就算一个中国学者来讲他的本国学问，他虽然不必通身是胆，也得有斗大的胆。理由很明白简单。

"日本对中国文化各方面的卓越研究，是世界公认的；在你们具有重大成果方面，深知道要讲一些值得向各位请教的新鲜东西，实在不是轻易的事。我是日语的文盲，面对着贵国汉学或支那学的丰富宝库，就像一个既不懂号码锁又没有开锁工具的穷光棍，瞧着大保险箱，只好眼睁睁地发愣。

"但是，盲目无知往往是勇气的源泉。意大利有一句嘲笑人的惯语，说：'他发明了雨伞。'据说有那么一个穷乡僻壤的土包子，一天在路上走，忽然下起小雨来了，他凑巧拿着一根棒和一方布，人急智生，就用棒撑着布，遮住头顶，居然到家没有淋得像落汤鸡。他自我欣赏之余，也觉得对人类做出了贡献，应该公之于世。

他风闻城里有一个发明品专利局，就兴冲冲地拿棍连着布，赶进城去。到那局里报告和表演他的新发明。局里的职员听他说明来意，哈哈大笑，拿出一把雨伞来，让他看个仔细。我今天就仿佛那个上注册局的乡下佬，孤陋寡闻，没见识过雨伞。不过，在找不到屋檐下去借躲雨点的时候，棒撑着布也不失自力应急的一种有效办法。"

这段开场白，其实讲了两个层次。先讲对日本汉学研究中国人不敢等闲视之。即使是中国专家在日本讲中国学问，也要对听众的水平做最充分的估计。后段讲自己不通晓日语，除了有勇气之外，没什么资本。然而，自嘲也是恭维别人的一种很好的方法！

好听的话尽管说

误区：人人喜欢听好听的话，即使没有说到点子上也没有关系。

对于初次见面的人，哪一种赞美最有效呢？依笔者之见，最好避免以对方的人品或性格为对象，而是称赞他过去的成就、行为或所属物等看得见的具体事物。如果赞美对方"你真是个好人"，即使是由衷之言，对方也容易产生"才第一次见面，你怎么知道我是好人"的疑念及戒备心。

如果赞美过去的成就或行为，情况就不同了。赞美这种既成的事实与交情的深浅无关，对方也比较容易接受。也就是说，不是直接称赞对方，而是称赞与对方有关的事情，这种间接奉承在初次见面时比较有效。如果对方是女性，则她的服装和装饰品将是间接奉承的最佳对象。

有一位男士和不少朋友的全家都相处得很好，其中与一家夫人的友谊甚至比和她丈夫的友谊更为深厚，当然他们之间的关系绝不会使人产生误会。本来他只认识她的丈夫，那么他怎么成了她全家的朋友呢？起因是在与她初次见面的那次宴会上他随便说出的一句话。

当时，这位男士被介绍给这位朋友的夫人，由于没有适当的话题，就顺口说了一句"你佩戴的这个坠子很少见，非常特别"，企图以此掩饰当时的尴尬。他说这句话完全是无意的。因为他根本不懂女人的装饰品。出人意料的是，这个坠子果然很特别，只有在巴黎圣母院才买得到，这是她的心爱之物。随便说出的这句话，使夫人联想起有关坠子的种种往事，从此他们便成了好朋友。

要恰如其分地赞美别人是件很不容易的事。如果称赞不得法，反而会遭到排斥。为了让对方坦然说出心里话，必须尽早发现对方引以自豪、喜欢被人称赞的地方，然后对此大加赞美，也就是要赞美对方引为自豪的地方。在尚未确定对方最引以自豪之处前，最好不要胡乱称赞，以免自讨没趣。试想，一位原本已经为身材消瘦而苦恼的女性，听到别人赞美她苗条、纤细，又怎么会感到由衷的高兴呢？

有一位杂志社的编辑，长得很像一位著名演员。每当他到饭店去，初次见到他的服务小姐们，都会对他说："嗨！你长得真像电影明星！"的确，无论是他的容貌还是气质都与那位演员非常相似。一般而言，说某人很像名演员，是一种恭维之词，被称赞的人通常不会不高兴，但这位男士的反应却不同，听了服务小姐的奉承后，原本不喜欢开口的他，变得更加沉默了。

服务小姐可能是半真心半奉承地说出那些话，但是，对方不予理会，她们也只有流露出诧异的表情。然而，他的反应一点也不奇怪，因为服务小姐的赞美根本不得法。他了解自己的缺点就是容易给人冷漠的印象，而那位电影明星在屏幕上所扮演的正是冷酷无情的角色。所以，如果说他酷似那位电影明星，这哪里是在赞美，分明是指出了他的缺点。

另外，从第三者口中得到的情报有时在初次见到对方时能起到重要的作用。因此，利用所得到的情报当面夸奖对方，当然也是为了自己处于主动地位。但是，如果你将得到些情报、传言直接转述给对方，恐怕只会遭到轻蔑。因为满街飞舞的有关他的传言就是人们对他公认的名声。对此他已经听腻了，甚至麻木了，如果你旧事重提，对方表面上也许付之一笑，内心却十分厌烦，甚至会说："看！又来了！老一套！"而将你打入他以前认识的很多平庸者的行列。

有关对方的传言，对你来说即使十分新鲜，也应避开这些陈旧的赞美之词，而大大赞美他较不为人所知的一面。正如出现在著名作家三岛由纪夫的著作《不道德教育演讲》中的将军，一听到别人称赞他美丽的胡须便大为高兴，但对于有关他作战方式的赞誉却不放在心上。这种心理是每个人都有的。大概不少人赞美过这位将军的英勇善战及富于谋略的军事才干，但是他作为一个军人，不论在这方面怎样赞美他，也只是赞歌中的同一支曲子，不会使他产生自我扩大感。然而，如果你对他军事才能以外的地方加以赞赏，等于在赞词中增加了新的条目，他便会感到无比的满足。

谨防甜言蜜语

误区：甜言蜜语如同迷魂汤，把你灌晕了，你就要上当受骗了。

吹牛拍马的人，总是通过甜言蜜语、花言巧语，使对方在不知不觉或轻松愉快中入耳入脑而变得春风得意或忘乎所以。有时，一个人做了一件事情，自己吃不准是对是错，如果有人趁机贡献几句好话，就会飘飘然，大有"深获我心"的知遇感，不禁发出"知我者唯你也"的慨叹。再说，古今中外能够"闻过则喜"的人实在太少,听到别人赞美自己而欣然大悦的人倒是太多,"闻过则喜"的首创者也未必真能"闻过则喜"。

在这种社会心理环境下,虽然明知阿谀奉承的人都是言过其实,甚至还有可能是别有用心,却仍然愿意或乐意姑妄听之,自我陶醉,这也叫"一个锅要补,一个会补锅"。

长久以来我们习惯于这样衡量人:爱夸赞的人是虚伪的,爱挑错的人是真诚的。后者难能可贵,所以有成语"闻过则喜"、"攻错之谊"等。我们是那么怕吃亏上当,以致神经过敏,听到赞美自己的话,就疑之入骨;同时绝不轻易称赞别人,免得落下"嘴儿甜"之坏印象。

赞美的话语一般来说都是善意的,不是来捧杀你的。溢美之词大多是好意的,效果也通常是好的。一棵小歪脖树,你夸它美丽,它绝不会盲目自大起来,朝更歪了方向长,而是会竭尽全力直起身子来。一个跛脚孩子,你说:"啊,多美丽的孩子啊!"(这话显然不符合事实)

这孩子听了绝不会昏倒并会认为越是跛脚越是美丽,而是会加倍锻炼矫正自己。相反,你见面就说一句符合实际的话:"你这个病孩子!"他没准会变成瘫痪。孩子是越夸他,他越聪明!不信你试试。

孩子如此,大人也是一样的。一部电视剧里的演员们表演个个舒展自如,问导演诀窍,导演说:"一段拍下来,我先说:'好!'不管好不好我都做惊喜状说'好',然后再具体指点。"听了这话也许你会受教良多,也颇认同。我们还有另外的俗话:"好言一句严冬暖,恶语一句六月寒。"这好言窃以为不是指逆耳忠言,多半是指夸赞的话。

你赞美了一个人,比如一句"你的衣裳好漂亮!"被夸奖者如果是位教师,则他的学生那一天会多得到老师几个亲切微笑;他若是位医生,则他的患者那一天就有福了。

赞美不一定要真诚

误区:夸人都是有水分的,歌功颂德都是需要艺术夸张的。

某日,屠格涅夫在打猎时捡到一本破烂的杂志,其中一篇题为《童年》的小说吸引了他，他觉得小说的作者才华出众，如果继续写下去，前途不可限量。经过四处打听，屠格涅夫得知作者父母双亡，是由姑母抚养大的，现正服兵役。他便辗转找到作者的姑母，表达了对作者的欣赏与肯定。

这位作者通过姑母的来信得知此事后深受鼓舞，增添了写作的勇气和信心，于10年后推出了史诗型长篇小说《战争与和平》，接着又创作了《安娜·卡列尼娜》、《复活》等长篇巨著。这位受到屠格涅夫赞赏的作者，就是世界级的文学巨匠列夫·托尔斯泰。

屠格涅夫的欣赏和喝彩产生了积极的效果。他的欣赏，改变了一个普通作者的命运，使世界上多了一位文学大师。这说明，实事求是、恰如其分的欣赏和赞美，能够鼓舞和激励他人加倍努力，继续前进，不断取得新的成功。

然而，生活中往往有人非常吝啬对别人的欣赏和喝彩。他们十分在意别人对自己的欣赏，却不喜欢试着去欣赏称赞别人。对于别人的付出和劳动成果，要么视若无睹，听而不闻；要么吹毛求疵，百般挑剔；要么冷言冷语，讥笑挖苦。

金无足赤，人无完人，谁都会有缺点和毛病，但是反过来想想，谁又没有一点值得称道的东西呢？实际上，只要你愿意，总能发现别人身上也有值得欣赏之处，别人的劳动成果也有值得喝彩的亮点。

由此看来，真心实意地欣赏和赞美别人，体现了成人之美的君子风范，给人以心胸开阔、气度恢弘的良好印象。反之，对别人的劳动成果无动于衷，对别人取得的成绩不自在、不服气，乃至冷嘲热讽，即便不是妒贤嫉能、自私狭隘，恐怕也是狂妄自大、缺乏修养的表现，对于自身人格魅力的提升、人际关系的改善也是没有益处的。

其实，真心实意地欣赏和赞美别人，既不会贬低自己，也不会损伤自尊，更不会影响自我发展。相反，自己也会因此获得有益的回报。在肯定、欣赏他人优点和长处，鼓励他人进步的同时，可以发现自己的差距和不足，促使自己百尺竿头更进一步；在欣赏别人的同时，自身素质也在愉悦的心情中不断提升和完善，会使自己的视野得到拓宽，胸襟更加开阔，境界随之升华，收到取长补短的良好效果。

总而言之，真心实意地欣赏和赞美别人，于人于己都是大有裨益的。如许好处，何妨一试呢。

每个人都很珍视真心诚意，它是人际交往中最重要的尺度。如果你与人交往不是真心诚意的，那么，要与他人建立有效的人际关系是很难的。如果你赞扬他人时含糊其词，华而不实，可能会引起对方的窘迫、误解和混乱，倒容易使关系变坏。用语越是具体明确，你赞扬的效果就越好。如果你是想评价他人或者是表明自己的看法，但没有明确评价或表明自己看法的原因，也会使别人感到突然和勉强。

赞扬性的用语是一种表明自己喜欢某人发生的某个具体行为的用语。这种用语不评价行为者，而是明确3个基本情况——你喜欢的具体行为，这种行为对你如何有帮助，你对这种帮助的结果有何感想。

如"我很高兴你让我注意到了新的作息时间，否则我明天上学就要迟到了。""我很感谢你审阅我的作文，并提出了你的建议，我已对作文重新做了修改，这对我的作文水平的提高非常重要。""我现在更喜欢在办公室里备课了。自从你把办公室整理得这么整齐、干净，使人感到很舒畅。"

综上所述，赞赏用语是一种基于个人经历的表述，它不是对人的总体评价，而是阐述某个具体行为对你的影响。这种用语要求对引起你满意效果的言行作具体说明。这种用语应当真诚，与你想到的行为带给你益处时的感受方式相一致。

有效的赞赏用语能使对方知道你赞赏的具体行为，知道他的行为对你有什么作用，知道你的感情，相信你的真诚，能使对方产生积极和受到鼓励的感觉。通过这种真诚的赞赏用语，可以增加他人的自信心，鼓励良好行为，还可以增进你和他人的良好感情。

上面所提到的赞赏用语一般是在对方的具体行为发生之后使用的。还有一种赞赏用语是在对方的具体行为发生之前使用的，被称之为"有条件的赞赏用语"。

在很多场合下，学生、下级或同学、同事想得到你的赏识、赢得你的信任，但又不知道你想什么、需要什么，这正是你使用"有条件赞赏用语"的机会。在这种情况下，不要让对方猜，也不要等满意的事偶然发生才让他知道你喜欢什么。

用"有条件赞赏用语",你可以对你所喜欢的行为在其发生之前给以鼓励。要做到这一点,可以描述你所喜欢的具体行为对你的帮助及你对它的感觉。例如:

"某某同学,明天上午学校要检查卫生,如果今天下午下课后你能组织几个同学把我们教室打扫一下,提前做一些准备,那样就不会影响我们班明天上第一节课的正常进行。"

"老师,在数学考试之前,如果你能给我们几天复习时间,我们就不会感到突然,考试成绩也一定会有所提高。"

"王秘书,如果你能把今年上面发的文件按类别整理好,让我用起来很方便,那我将非常感谢。"

这些表述之所以被称为"有条件赞赏用语",是因为它们虽然含有赞赏用语的3个部分,但信息的实际效果和感受部分是基于对方某个具体行为将要发生的条件,而不是基于已经发生的行为。"有条件赞赏用语",可在你确信他人想做些让人高兴的事,但又不知道做些什么的时候使用。

拍马屁是弱者对强者做的事情

误区:下属拍领导马屁,弱者拍强者马屁,反之则不灵。

美国哲学家詹姆士说:"人类本质中最殷切的需求是渴望被肯定。"他不用"希望"、"盼望",而用"渴望"这个词,足以说明人们需要的程度。也就是说,人们对于被肯定的渴望,绝不亚于对于食物和睡眠的需要。而人们渴望被肯定的本质说到底就是"渴望被重视","渴望赞美"。

美国著名的成人教育家卡耐基说:"我们滋养我们的子女、朋友和员工的身体,却很少滋养他们的自尊心。我们供给他们牛肉和洋芋,培养精力;但我们却忘了给他们可以在记忆中回想好多年像晨星之音的称赞。"

一位漂亮又颇有些才气的女孩子大学毕业后被分配到了家乡一个很不错的单位任党委秘书,某日,她在楼梯上遇到了单位电话员小潘。小潘是个不幸的女人,天生的小儿麻痹不仅使她身材瘦弱,还夺去了她一条健康的腿，30岁时才被父母廉价"托付"给一个外地去打工的农民，从此不仅倍受其轻视，还常常被强行榨走钱财。出于同情，她与小潘搭话（平日单位里很少有人主动同她交谈），夸奖她的衣服漂亮，称赞她穿的裤子显得个子高，几句原本是应酬敷衍的虚伪之词，竟让小潘激动得满脸红晕，眼放异彩，先是摇头，接着是笑，然后便是热泪横流。

从那以后，小潘竟然真的漂亮起来，原来乱草般的头发修剪成了整齐的短发，还烫了小花；平日苍白干燥的唇上也被细心地涂上了唇膏；穿的衣服也再不像以前那样俗气邋遢了。而且每次有了"新举措"之后，小潘总要跑到她那里展示一番，她也总是认真地赞美一番，只是再也不像第一次那样虚情假意，言不由衷。

也许有些人会批评这个女孩说："这是种拍马屁的方法，没有用——对有知识的人是不会产生效果的。"

当然，拍马屁是骗不了明白人的，那是肤浅、自私、虚伪的，它应该失败，而且真的是常常失败。有些人对别人的赞赏是非常饥渴的，任何赞美之词都可以接受，哪怕明知是假意恭维。

但我们不得不承认的是，许多人正是凭着这种善意的恭维而获得了希望和自信，重新鼓起了生活的勇气，乃至改变一生。

上一个故事中的那个女孩早已离开单位闯世界去了，但是无论她浪迹到世界的哪个角落，小潘真诚的祝福和问候总能直接或间接地传到她身边，由于女孩无数次的赞美，使小潘恢复了，或者是刚刚发现了做女人的快乐和价值，30多年她第一次听说原来自己也很美，即便个子矮些，即便有一条腿是病的，可上天却用白皙的皮肤，灵巧的双手，令人羡慕的工作补偿了她，使她感到了一种前所未有的信心和安慰。

她托人捎话给女孩说她离婚了，前夫至今难以承认竟然是小潘先提出离婚，她说她准备到上海做手术修正那条用了30多年的腿，哪怕白遭一回罪也甘心；她还说女孩对她的大恩大德胜似她爹娘，因为爹娘给她的是一个生就痛苦的生命，使她生不如死，而女孩却拯救了她死气沉沉的生命，让她不曾白白活一回。

女孩没有想到无意中的赞美，甚至起初还例行公事般的套话，竟然如此改变了一个人。而也许我们日常生活中常常忽视的许多美德中的一项，就是对别人表示欣赏和赞扬。

100多年前，在美国，由于"渴望被重视"，"渴望获得赞美"，一个未受过任何高等教育，极度贫困的杂货店员，争分夺秒地研究他花费5角钱买来的法律书，后来在经过近20年，共计17次惨痛失败后，他终于成为一名律师，乃至总统，他的名字是亚伯拉罕·林肯。

后来他解释说："那是因为人人都喜欢赞扬。"当然这种人类的本性并不是他第一个发现的，所有在办公室里、公司里、商店里、工厂里工作的人们都会无一例外地遭遇过，在一番刻意的自我表现之后，却不见丝毫赞扬。

因而在我们的学习中，我们应该永远不要忘记，我们的同学都是人，也都像我们自己一样渴望别人的欣赏和赞扬。欣赏和赞扬是所有的人都欢迎的东西。

在我们每天所到的地方，不妨多说几句感谢的话，留下一些友善的小小火花。你将像前面我们提到的那个女孩子一样，无法想像这些小小的火花如何点燃起友谊的火焰，而无论日后你走到哪里，这友善、温情的火焰都会照亮你的心灵。

但是值得注意的一点就是我们的赞扬必须真实可信，如果一个人的赞扬明摆着不是出自真心，那就无异于是对他人的侮辱。

一位叫做弗顿·谢恩的大主教曾经说过："赞扬就像薄薄的腊肠片，清爽可口，恰到好处，而阿谀则又肥又厚，令人无法接受。"

这正是赞美和恭维之间最明显的区别，一个是真诚的，另一个是不真诚的；一个出自内心，另一个出自牙缝；一个为天下人所喜欢，另一个为天下人所不齿。

虽然我们没有汽车、金钱、地位给别人，但是我们却能够给别人我们所能给的东西，这就是：给予别人真诚的赞赏。它是促人向上的催化剂；它是使人朝气蓬勃的动力；它是挖掘人们内在善和美之心的最好的铁锹。

所以，渴望被重视、鼓舞、影响着人们的心灵，懂得满足人类这种渴望的人，就能够和别人友好相处。

一位著名企业家说过："促使人们自身能力发展到极限的最好办法，就是赞赏和鼓励……我喜欢的就是真诚、慷慨地赞美别人。"如果我们真心诚意地想与身边的朋友搞好关系，就不要光想着自己的成就、功劳，别人是不理会这些的；而是需要去发现别人的优点、长处、成绩，然后不是虚情假意地逢迎，而是真诚、慷慨地去赞美。

从明天起，如果你发现中午的工作餐有一道好菜时，不要忘记说这道菜做得不错，并且把这句话传给大师傅；如果你发现一位同事的项目搞得很利索，不要忘记赞美他雷厉风行的工作态度。虽然这些话语并不能令他们得到加薪或提拔的好运，但至少，你是诚心诚意地向他们奉上了一颗"开心果"。

赞美别人无需技巧和方法

误区：看到别人的优点，实话实说就是，无需什么技巧和方法。

赞美别人，需要用不同的方法，以免给人一种不真实和千篇一律的感觉。

1. 直接赞美

直接赞美就是当着别人的面，以明确、具体的语言，提及对方的名字（尊称、昵称），微笑地赞美对方的行为、能力、外表或他拥有的物品。这是一种不通过中介，直抒胸臆，把赞美之情直接向对方倾吐的赞美方法。其具体技巧如下：

（1）参照比美法。即参照权威、伟人或名人的某一优点，恰当地赞美对方，这会使对方内心愉悦，如"您的文章有茅盾的风格"。

（2）抑扬巧变法。如①抑甲扬乙："您的文章我拜读了，发表在某某刊物上，实在有些委屈。"②抑昔扬今："你比刚来时成熟多了！"③假抑真扬："对您的才能，我实在嫉妒啊！"④变抑为扬："没关系，爱因斯坦就不太修边幅！"

（3）希冀憧憬法。如"您再加把劲，这件事干得还要出色！""假如那天不是最后疏忽了一下，你一定是第一名！"

2. 间接赞美

比如说对方是个异性的朋友时，为了避免误会与多心，你不便直接赞美他。这时，你不如赞美他的家人和孩子，而你会发现这比赞美她本人还要令她高兴。间接赞美是一种曲折、委婉的赞美别人的方法，它更富于艺术性、技巧性。具体方法有：

（1）含蓄赞美。即运用语言、眼神、动作、行为等向对方暗示自己的赞美之情。

（2）背后赞美。有人称此为"背后鞠躬"，即通过第三者之口把你的赞美传到对方的耳朵里，或创造某种条件让对方间接地听到你对他的赞美。

（3）迂回赞美。即通过赞美与他有密切联系的人、事或物，来折射对他的赞美。一般来说，对老年人应该更多地赞美他光荣辉煌的过去、健康的身体、幸福的家庭或有出息的儿女等，对年轻母亲赞美她的小孩往往比直接赞美她本人更有效……比如与其说"您的歌唱得不错"，还不如说"您的歌唱得不错，不熟悉您的人还没准以为您是专业歌手哩"。

（4）借用赞美。有人称此为"借花献佛"，即假借别人的口来赞美对方，这一方面转述了别人的善意，另一方面也能表明自己的赞同立场。比如说："怪不得玛丽说您越来越漂亮了，刚开始还不相信，这一回一见可真让我信服了。"这比说"您真是越长越漂亮了"这句话更有说服力，而且可避免有轻浮、恭维奉承之嫌。

3. 预先赞美

预先赞美就是按照你对别人的期望提前赞美别人。比如说你的同学将要去完成一项任务，你就应该对他说："你肯定能打一个漂亮的大胜仗回来的，我们等着回来和你贺喜呢。"

4. 公开赞美

公开赞美就是在公开的场合，当着许多人的面进行表扬、赞美。例如，在同学聚会上，你就不妨当面对你想赞美的人进行赞美，让他成为此种场合的焦点。

赞美的话，女人都爱听

误区：无论什么女人，只要是漂亮话，她们都爱听。

赞美一个女人是大有学问的。对于容貌佳者，她已习惯了别人的赞美，您不妨用新颖的方式，如用比喻去赞美她。对于一个明显较丑的女性，你最好是去发掘她的气质、能力、性格，因为说她漂亮是明显违背事实的，她会感到你在讽刺她，从而自尊心大伤。而普通的女性是最需要赞美的，因为她们身上有美，并且最向往美，最渴望被人肯定。

1. 赞美女人的修养

有许多女人，虽然长得漂亮，但是缺乏修养，没有内涵，稍一相处，便会让人感到俗不可耐。修养是一种内在美、精神美、升华美，它可以永久地征服一个男人的心。

你可以赞美女人的善解人意。女人凭其细腻的直觉，就能知道男人的心理活动，这使她们能够对男人深层的，有时是难以察觉的需要作出及时准确的反映。

善解人意，是女人征服男人的技巧与本能，它使男性感到温暖。没有女性不认为自己是善解人意的，善解人意体现了女人对男人的价值。当一位女孩及时地为你端上一杯水，或说出一句抚慰人心的话时，一定不要忘了说句："你真是善解人意！"

俗语说："女人是世界上最善变的动物。"赞美女人，相对比赞美别的人来说更要讲究方法。加班时，如果对女职员说"你可以回去了"，不但没有讨好，反而容易使对方认为你轻视她。

某汽车厂的营业科长发牢骚："女孩子真是难以捉摸，骂就哭，夸奖其中一个却得罪其他女孩子，再这样下去真会生病。"就如他轻声告诉两个不必留下来加班的女职员说："你们可以回去了。"想不到对方却不高兴地说："别人都留下来，我们为什么回去。"看来他的一番好意似乎被她们当做轻视的话。

越是认真工作的女性越痛恨被歧视。这种情形，不要只说："你们可以回去了。"而最好用安慰的口吻说："你们每天很辛苦，今天可以早一点回去。"如果有这样的机灵，那么对方也会感谢你的一番好意，高高兴兴地回家了。

2. 千万不要在女性面前称赞其他女性

有人说："女人的敌人就是女人自己。"对女性而言，其他女性全都是永远的敌人。

某女子中学，据说有位男老师在课堂上总是以相同的速度走动，倘若中途不经意停下来，那么全班便认为老师对旁边的女孩子有意思，也许有人会觉得很荒谬，但实际上却有男老师因不堪其扰而辞掉教职。

"男人也会嫉妒。"也许女性如此反驳。老师站在身旁认为"老师对我有兴趣"，这是女性特有的自我中心式的观念。女性在男女关系中没有所谓洒脱的状态，亦即没有所谓中立状态。例如情侣相偕上街，男的看着迎面而过的漂亮小姐，说道："哇，好漂亮的女孩。"大致上，女的会生气不再理他。

女性有关家庭或孩子的牢骚，不要以为同声附和能讨欢心。

女性跟人谈话时，话题很容易谈到自己的孩子、家庭，而这些话大多以发牢骚的方式说出来。例如："我儿子好玩，真叫人担心。"如果你不小心附和说："是啊！那孩子的确如此。"对方必定大为光火，其理甚明。

女性的牢骚，细加推敲，不难发现带有这样的期待："我儿子只是好玩，如果这一点改过来，无论成绩，无论什么，都会有长足的进步。"甚至可能是在炫耀："我儿子聪明、乖巧，只是好玩而已。"

至于有关先生的牢骚，可说完全是在炫耀。"每星期打高尔夫球，连星期天也不在家，他实在应该稍微为孩子想一想。"换言之，她想炫耀："我先生忙着应酬，陪客人打高尔夫球，这是事业成功的现象。"只是不好意思直接炫耀，所以才采用牢骚的方式说出来。不要附和这种牢骚，应该加以否定说没有的事而使她心旷神怡才是机灵的做法。

3. 赞美的别样用法

也许你没有留意，赞美在生活中不但是好的润滑剂，还是人际间的解毒散，许多尴尬之事，都可用它一一化解。例如，小李剪了一个新发型，她把一头蓄了几年的披肩长发剪成了齐耳短发，同事们都齐声称赞她的短发清爽和简洁，小李在这赞美声之中把对理发师的怨气一股脑儿全消了。

"当时我剪完头发，觉得一点都不像我理想中的模样，气得我当时就想跟他吵一场，找他理论，怎么给我做成了这样的发型？这不愉快的心情带到了今天上班，甚至有一个客户来找我，我当时还有些气在心里，平时对客户很有礼貌的，今天不知怎么就看那个客户不顺眼，差点跟他发火！今天听了这些好听话，怎么不知不觉气就消了，心里也觉得顺畅了，看客户也觉得顺眼了，真希望你们天天说让我开心的话！"

小刘是个业务员，出去跑客户，客户不是拒绝，就是给他一副冷脸，让他一腔热情化为湿冷的汗水。回到办公室他就一脸的沮丧，看见同事，说话也没好气，女同事盈盈给他打招呼，问候他的近况，他也爱答不理的。"呦，这是怎么了，遇上什么不顺心的事了？""一边去，少理我！""什么事情让我们的小帅哥这么难受啊？""小帅哥有什么用呢？还不是照样遭人拒绝！""帅哥哥，你放心，我永远不会拒绝你！""听你这话我心里真受用！"一句简单的赞美化解了小刘一天的疲劳和失败感。

青青自己经营一家公司，每天接待客户，还要管税务和财物，忙得不可开交。一照镜子看到自己形容憔悴，几个重要的客户还没有搞定，生活真是让她忙得没有照顾自己的时间，一丝伤感悄然袭上心头。合作伙伴峰峰看到她的眼神和举动，从中读出了她的感伤，走上前去，递给她一杯香浓的咖啡："休息一会，青青，你永远是最美丽和能干的！"青青喝下了咖啡，同时也在品尝着同事的一份关怀之情。

当然在你赞美别人的时候，同时也要注意"到什么山上唱什么歌"，"开什么锁用什么钥匙"。

4. 用赞美来摆脱异性纠缠

这是令许多女孩子颇感烦恼的问题。当今社会，青年女子在生活与工作中与男人的接触越来越多，这自然令一些男人心动神移，生非分之想。怎样使男人们打消念头，又不至于影响到彼此关系，这是摆在青年女子面前的一道难题。我们可在谈话中先恭维对方，给其一个响亮的称呼，从而使对方于盛名之下难以胡作非为。

俗话说："爱美之心人皆有之。"你长得年轻漂亮,别人想跟你亲近,不能一概斥之为"好色之徒"。不妨给他戴一顶高帽子,迫使其打消邪念。有一位女子,相貌出众,在一家公司负责产品销售策划。一次跟某公司经理谈判之后,经理悄悄主动邀请她:"小姐,晚上陪我吃夜宵好吗?"她不得不按时赴约。

见面后,经理喜出望外,情意绵绵。二人边吃边谈。女子竭力向经理劝酒,滔滔不绝地向他介绍公司的发展计划,并不时赞扬这位经理,称他是一位有修养、有气质、讲信用、受人尊敬的现代企业家。经理颇为得意,故作谦虚:"你过奖了。"最后以两人共舞一曲而告终。临别时经理握住女子的手,郑重地说:"你是个自尊自爱的女子!我心里会永远记得你这个完美的女孩形象的。"

5. 用赞美来自我解困

即说错话之后,巧妙地通过恭维对方以达到自我解困的目的。任何人都会反感恶语而绝不会拒绝赞美。适度的恭维既会令对方心生暖意,又会令自己摆脱语误的困境,何乐而不为呢?一个高高瘦瘦的小姐新买了一件纤瘦的短上衣,兴冲冲请女友品评。女友见她穿了新衣越发的瘦如洗衣板,不禁脱口说道:"这件衣服并不适合你。"

对方一听,顿时面沉如水。女友见状自责,转而笑吟吟地说道:"像你这样苗条又修长的身材,如果穿上那种宽松肥大长至膝下的衣服,就会越发显得神采飘逸、潇洒大方了。那些矮而又胖的人就穿不出这种气质来。"小姐听罢顿时转怒为喜。

女友的话既巧妙地暗示了这件衣服不合其身材,又诚恳地指出了其择衣标准,同时用苗条修长这样美好的词语委婉地指出了其身材的特点,又用矮胖之人来对比,照顾对方的自尊心。一句看似恭维的话,实则蕴含了无限的玄机,因而便显得委婉含蓄,巧妙地为自己解了围。

6. 用赞美来制止争吵

人与人相处,发生争吵在所难免,夫妻也不例外。对此,一旦有了纷争,即使认为自己一方在理,也应避免过分的数落、指责。这时候,最好

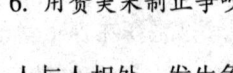

的方式是使用调侃、幽默的言语，浇灭对方的怒气，达到缓和气氛的效果。

有一个妻子虚荣心重，当夫妻商量出席友人婚礼时，她缠着丈夫要买一种昂贵的花帽。此时正值夫妻闹经济危机，丈夫自然不肯答应花这笔钱。争吵中，妻子赌气地说："人家小喜和小金的爱人多大方，早就给自己的夫人买了这种花帽，哪像你，小气鬼！"

丈夫不愿争论，只是故意夸张地说："可是，她俩有你这样漂亮吗？我敢说，她们也有你这样美丽的话，根本就不用买帽子装饰了，是吗？"妻子一听幽默的赞语，不觉转怒为笑，一场争吵也随之止息了。

7. 用赞美来应对傲者

高傲者多看重自我形象，感觉良好。与他们打交道不妨采取投其所好的方式，对其业绩、学识、才能等给以实事求是的赞美，使其荣誉心、自尊心得到满足。这样就可以从心理上缩短距离，同样能起到左右他们态度的作用。比如，有位生性高傲的处长，一般生人很难接近，他生硬冷漠的面孔常使人望而却步。

有位外地来的办事员听说了他的脾气，一见面就微笑着说："处长，我一进门就有人告诉我，处长是个爽快人，办事认真，富有同情心，特别是对外地人格外关照。我一听，高兴极了。我就爱和这样的领导共事，痛快！"处长的脸上立刻露出一丝笑容，接下去谈正事，果然大见成效。

这位办事员的成功便得益于开头的那几句恭维话。这样，对方就不好意思对一个恭维尊敬自己的人给冷遇，露难看了，自然会在维护自我形象的心理支配下变得和蔼可亲起来。使用恭维方式时需注意2点：①要实事求是。恭维的内容不是无中生有，而是确有其事，对方才会感到高兴。如果进行肉麻的吹捧，拍马屁，清醒的高傲者会把他当成小人而更加小视。②赞美要适可而止。赞美在这里不过是使高傲者改变态度的手段，是交际的序幕。如果一味赞美，而不及时转入正题，就失去了意义。

总之，恭维是一把型号齐全的万能钥匙，用处多多，灵验无比。

赞美其实就是糖衣炮弹

误区：张张嘴就能获得别人的好感,其实赞美就是糖衣炮弹。

大文豪马克·吐温曾经说过:"一句赞美的语言可以使我多活两个月。"细想起来,这句话不无道理。马克·吐温形象而坦诚地倾诉了我们人类所共同需要的精神食粮——赞美。

赞美具有巨大的魔力,能使人奋发向上,有时候一句赞美的话可以让人从"地狱"走向"天堂"。在现实的生活中由于得到别人的鼓励和赞赏或由于善于鼓励和赞赏别人而获得人生成功者多不胜举。

日本东京国民素质研究会深刻总结了日本战后迅速发展的原因,说道:"我们日本国民的一大优点,就是对外人不停地鞠躬,不停地肯定别人。可以说,善于发现别人的长处,善于赞赏别人是日本走向世界的一个重要原因。"

上海便捷运输公司总经理田福生在接受采访时说:"上海是中国第一大城市,运输业竞争极为激烈,光有实力是不行的。中国有句古话:'人敬我一尺,我敬人一丈',虽然现在情形变了,但我们在竞争中成长起来的人还是能体会到,赞美别人就是帮助自己成功。"

美国第40任总统罗纳德·里根,被认为是美国历史上杰出的总统之一,他在一次接受记者采访时说:"在我14岁时,母亲对我说,千万别忘了发现别人的长处,多说别人的好话。从此以后,我牢记这句话。可以说,是母亲塑造了我的一生。"

因此,领导者在工作中,要善于对同事和下属给予赞美。俗话说,"笑一笑,十年少",同样的,也可以说是赞一赞,隔阂散。

赞美可以给平凡的工作和生活带来温暖和欢乐,可以给人们的心田带来雨露甘霖,给人们带来鼓舞,赋予人们一种积极向上的力量。心理学家认为:使一个人发挥最大能力的方法就是赞美和鼓励。在生活中,大多数人希望自身的价值得到别人的承认,希望别人赞美和欣赏自己。美国一位哲学家说:"人类天性中有一种被人称赞的强烈欲望,所以,能否获得赞美，以及获得赞美的程度，便成为了衡量一个人社会价值的标志。每一个人都希望在赞美声中实现自身的价值。"

卡耐基在《人性的弱点》中，讲到了他曾经经历的一件事情：有一天，他去邮局寄挂号信，从事着年复一年的单调工作的邮局办事员显得很不耐烦，服务质量很差。当他给卡耐基的信件称重时，卡耐基对他赞美道："真希望我也是你这样的头发。"听到赞美，办事员喜出望外，惊讶地看着卡耐基，接着脸上泛出微笑，认真周到地为卡耐基服务。

卡耐基的一句赞美，改变了服务员的工作态度，使他得到了良好的服务。同时，赞美的话也可以给人带来自信，甚至会影响别人的一生。

大音乐家勃拉姆斯也是赞美的受益者。他出生于贫民窟，少年时代便因为生活所迫混迹于酒吧间里。他酷爱音乐，但是因为是农民的儿子，享受不到受教育的机会，更无从谈起系统的学习音乐，所以他对未来自己能否在音乐事业上取得成功缺乏信心。然而在他第一次敲开舒曼家大门的时候，他一生的命运就在这一刻决定了。

当他取出他最早创作的一首大调钢琴奏鸣曲草稿，手指无比灵巧地在琴键上弹完一首曲子时，舒曼热情地张开双臂抱住了他，兴奋地喊道："天才，天才啊！……"

正是这出自内心的由衷的赞美，使勃拉姆斯的自卑感消失得无影无踪，也赋予了他从事音乐艺术生涯的坚定信心。从那以后，他如同变了一个人，不断地把心底的才智和激情流泻到五线谱上，成了音乐史上一位卓越的艺术家。舒曼的赞美成就了一位伟大的音乐家。由此可见，一句赞美对己对他人都有重要的意义。因而，在生活中，我们应该要大胆而正确地使用赞美艺术，从而创造出一个和谐、快乐的人际关系环境。

对人就得高标准严要求

误区：对人需要高标准严要求，宁缺毋滥。

在人际交往中，学会寻找和充分肯定对方的积极因素能使你激发、鼓励和帮助他人建立自尊和自信，并带来和谐、愉快、亲密、合作的关系。

1. 肯定对方的积极因素

从社会心理学的角度来说，人总是希望自己的言行和工作得到别人的充分肯定和赞赏，只有这样，才感到自身的价值与尊严。与此同时，又能增加自己对肯定与赞赏者的信任，促进彼此间亲密与合作关系的建立。

例如，就学校的班主任工作而言，如果对那些学习成绩差或纪律差的学生，总是找他们的毛病，不分场地批评，就会使他们更加失去自信和自尊，对班主任失去信任，更加疏远。这样做，不但不利于这些差生的转变与进步，而且也不利于班主任威信的建立和班级工作的顺利开展，容易使师生关系紧张，甚至发生冲突。

如果采取相反的方法，积极寻找和充分肯定学生身上的积极因素，情况就会不一样。对学习成绩差的学生，一次好的作业、一次好的回答都能及时发现，充分给以肯定或赞扬，使这位学生对学习重新树立信心，就会使这位学生恢复自尊、自信和对老师的信任与尊重。

对纪律差的学生也一样，对他们为集体做的一件好事、在纪律方面一点微小的进步都能及时发现、充分肯定或赞赏，就会使这些学生感到心情愉悦和有了努力的方向，感到老师对他们的关心和爱护，促使他们不断扩大自身的积极因素，减少消极因素，并且使师生关系变得融洽。

由此可见，充分寻找和肯定对方的积极因素，对和谐、健康的人际关系的建立有着重要的作用。

2. 寻找和肯定对方积极因素的方法

充分寻找和肯定对方的积极因素的方法是多种多样的，但主要有2种：

（1）寻找发现对方身上你所喜欢的或正确的言行

在日常生活中，不应把别人有益的和令人愉快的日常行为看作是理所当然，而仅对那些无益的或特别有益的事才特别注意。在开始寻找别人的积极因素时，你的首要任务就是自觉地寻找其令你高兴、对你有帮助的普通的日常行为。例如，同事之间，对方能为你提供某一种你所需要的信息，秘书为你准备齐了第二天开会用的全部材料，邻居把楼道打扫得很干净等。这些日常的行为，你都应看在眼里，记在心里。

(2) 要通过一定的方式让对方知道他的行为使你感到愉悦

对他人使你获益的言行，仅是看在眼里、记在心里还不够，还应寻找适当的机会、采取适当的方式表示出来，以表示自己注意到并赞赏对方的某一行为。这些方式大致有3种：①用动作表现出来，如微笑、点头、握手、招手等；②用语言表现出来，如"谢谢"、"好"、"太好了"、"真及时"、"真干净"等；③用行动表现出来，如赠送礼物、请客、奖励、提升晋级等。

3. 恰当的赞誉

一般来说，充分肯定对方的积极因素，主要是采取赞赏和表扬的方式。但这种方式要适度、有分寸、分场合。如果不分场合地赞扬，容易使对方窘迫和不知所措；如果赞扬之词华而不实，容易使对方产生虚伪之感；如果赞扬居高临下，容易使对方产生低人一等之感。总之，如果赞扬得不恰当，容易降低对赞扬者的尊敬，引起反感。

由此可见，赞扬方式直接影响赞扬的效果。而在赞扬的方式中，赞扬的用语又是至关重要的。当你要告诉对方你喜欢或赞赏他什么行为的时候，你可以从是否真诚、是否明确具体、是评价对方还是表明自己的看法这3个方面去衡量，这3个方面也就构成了赞赏用语的3个部分。

社交修养篇

不同的人不同对待

误区：在人际交往中，不同的人要不同对等，如对领导，对下属，对长辈，对孩子，对朋友，对敌人等等，对不同的人都要有不相同的对待。

在礼仪上，也许不同的人需要不同的对待，但在人格上，所有人都是平等的，都要同等对待。

1. 平等待人

人际交往，"平等原则"是前提条件。没有平等待人的观念意识，就不可能与他人建立良好的交往关系。那些不懂得尊重对方的做法，不会产生良性的交往效果。平等待人，尊重他人，是获得他人信任的起点。离开起点，友谊谈何建立？有位哲人曾说过，不懂得尊重别人的人就不会得到别人的尊重。心理学家认为，人人都有自尊的需要。所以，只有互相敬重，友谊才能赖以生长和巩固。

1940年"百团大战"后的一天，当时担任八路军一二九师师长的刘伯承元帅，听到师机关有的人带着轻蔑的语气把勤杂人员叫做"伙夫"、"马夫"、"卫兵"、"号兵"等，非常生气，就此事专门指出："我们革命的军队官兵平等，都是革命大家庭的一员。今后，伙夫就叫炊事员，马夫就叫饲养员，挑夫就叫运输员，卫兵就叫警卫员，号兵就叫司号员，卫生兵就叫卫生员，勤务兵就叫公务员，理发师就叫理发员。"从此，八路军中的称谓就照此统一下来了，官兵关系从此也变得更密切了。

刘伯承元帅平等待人的事迹，应该成为我们青少年学生处世的范例。

2. 交友重在品德

人生活在世界上，谁也离不开朋友，谁也少不了朋友的情谊和支持。俄国著名诗人普希金说："不论是多情的诗句、漂亮的文章，还是闲暇的欢乐，什么都不能代替亲密的友情。"生物学家达尔文也说："讲到名望、荣誉、享乐、财富等，如果拿来和友谊的热情相比，这一切都不过是尘土而已。"可见，世上的人都是多么重视朋友啊！

可是，要获得几个真正的朋友并不容易，这或许要比考几个100分更困难。俗话说："近朱者赤，近墨者黑。"好的朋友可以帮助你一块进步，坏的朋友会使你逐渐走下坡路。所以，涉世不深的中学生们，交朋择友中一定要小心慎重，一定不可忘记一切以品德为重。只有具备良好品质和礼仪的人，才可以成为自己的朋友。

交朋友时要掌握以下基本要点：

（1）交志趣相投，情操高尚的朋友。交朋友的目的，是为了有益于思想和学习上的进步，丰富课余生活。与志趣相投、情操高尚的人交朋友，可从他们身上学到许多东西。在他们的激励和影响下，我们自己也不知不觉地进步。

健康高尚的友谊，不仅会使我们的生活增添欢乐，人格性情得到熏陶，而且还能增强我们战胜困难的勇气，获得蓬勃向上的力量。

（2）有缺点的朋友也可交往。一般来说，同学们都愿意和长处多的同学交朋友。但是，实际上，每个人都有各自的优缺点。你强中有弱，他弱中有强；或许他的长处正是你的短处，你的短处正是他的长处。一个同学不可能在所有方面都超过别人。那些缺点较多的同学，其才能往往潜藏在某处，只是我们尚未发现而已。我们要善于发现他人身上的闪光点，同时看到自己也有不如人的地方。与有缺陷的人交朋友，关键在于从别人的缺点中提醒督促自己，在向别人学习优点中完善自己。

（3）不要交讲究"哥们义气"式的朋友。青少年学生渴求友情，但我们不要以为在困难时向你伸过手来的，都一定是友谊的手；不要以为跟你谈得来的，就一定是知心朋友。有些讲究"哥们义气"的人，往往利用青少年缺乏社会生活经验的弱点和渴望友谊的心理，讨好你，亲近你，得到你的信任，然后在不知不觉中把你引向歧途。

3. 珍惜友情

青少年本来最珍视友谊。然而，有时当生活中发生一点波折以后，有些同学竟就对友谊产生了怀疑。本来是两个很要好的同学，偶尔口角一句，从此就不再说话了；同桌而坐的学友，为了争考第一，借到一本参考书竟封锁起来；有人告诉你，你最要好的同学把你不愿让别人知道的隐私披露了出去……

碰上这种事情，有的同学变得灰心消沉，自认真心诚意对待人，别人却把自己随随便便给伤害了。这使他十分难受，甚至开始怀疑世界上有没有纯真的友谊。

其实，同学和朋友间的亲密情谊，是永世长存、无处不在的，是任何力量也扼杀不了的。要好的同学、朋友突然闹起了别扭，产生了矛盾，原因是多种多样的。有时候，是别人误会了自己；有时候，确实是自己的失误造成的。遇到这种情况，我们首先要做的是严格要求自己，认真反省自己的行为。发现错了，勇于承认，并迅速改正。

然而，有些时候，我们与朋友之间关系的紧张却是起因于朋友的错误。在这种时候，该怎么做才是得体呢？

古代名著《世说新语》里有个"管宁割席"的故事：有一对好朋友——管宁和华歆——一起在菜园中锄草，突然掘出一片金子，管宁照旧挥动锄头，把金子看得同瓦石没有两样，华歆却拾起金子看了一番，然后才扔掉。后来，又有一次，他们一同坐在一张席子上读书，有个坐着马车的显贵人物从门口经过，管宁照旧读书，华歆却放下书本，走出去看。看到华歆如此贪慕富贵荣华，管宁很生气，就割裂席子，把座位分开，对华歆说："你再不是我的朋友了。"

"管宁断席"的故事受到很多人的传颂，但也有人对此有不同的看法，认为管宁仅仅因为老朋友有一些这样那样的毛病，便这么绝情地与他一刀两断，未免太不合人情，也太不珍惜友谊了。从历史上看，华歆后来当上了魏国的相国，史学家称赞他是"清纯德素"的"一时之俊伟"，可见这个人其实并不是什么追逐名利的小人。

我们当然希望自己交上的朋友个个都是品德优异的人，但是，这样说绝不是等于要自己的朋友个个都必须完美无瑕，做人处事处处都合乎规范，永远正确。"金无足赤，人无完人。"要知道，在生活中，一点缺点也没有的朋友是永远也找不到的。

在一个集体中，有人先进，有人后进；先进者会有缺点，后进者也不见得没有优点。这才符合生活的真实。古人说："人至察则无徒。"对朋友要求太高，像容不得眼中的沙子一样容不得朋友的一星半点过失，这个人将会没有朋友。对于有缺点的朋友和同学，我们决不可以横眉相向，鄙视疏远，断绝往来；而应诚恳直言，晓之以理，耐心帮助，这才是真正的待友美德。

人不为己天诛地灭

误区：人人都是自私的，只有人人为自己，才会有真正的市场竞争和优胜劣汰，社会才会进步，才会出现"人人为我，我为人人"的互需互助的和谐社会。

人人为自己没有错，但是作为一种社会道德提倡，还必须提倡助人为乐。

1. 助人为乐

讲到助人为乐，同学们自然会想到雷锋。雷锋讲过一句名言："要使自己活着，就是为了使别人过得更美好。"雷锋助人为乐的事迹，是同学们耳熟能详的了：当他看到辽阳遭水灾的消息时，连夜把自己积攒的100元钱寄给灾区人民；出差在沈阳换车时，他用自己的津贴为一个丢失钱包和车票的老大嫂买了车票，并送她上车；得知战友小周的父亲患了重病，他便设法以小周的名义给他家寄去10元钱；雷锋一出现在公共场所，人们总能看到他那忙碌的身影和额头上的汗珠，或扫地擦玻璃，或给旅客送水，或扶老携幼……

为什么雷锋已经故去这么多年了，而他的名字、他的事迹却一直为人们所传颂？这是因为雷锋形象所体现的助人为乐精神，正是我们的时代、我们的社会极其需要的美德。

在生活中，在一个社会，一个集体里，良好的人际关系离不开友爱和关心。人与人之间的友谊内容，除了互相尊重、志趣相投之外，还应充满关怀。要赢得友谊，就要切切实实地关心对方，体谅对方，尽量为对方着想和排忧解难。一个眼中只有自己，只关心自己，只喜欢别人帮助自己的人，肯定不会拥有真正的朋友。

以一颗热忱的心，向你的同学、亲友和邻居伸出帮助之手，实际是最高的礼仪表现。因为，100句礼貌用语也抵不上1件助人的好事，只有诉诸行动，乐于帮助别人，才是对别人最实际的尊重。对人的实际帮助，表现为对人的照顾、关怀、体贴：别人有困难，乐于帮助；人们之间有纠纷，热心调解；别人有了缺点或错误，能善意指出……人与人之间的关系从来都是相互的，一个能够尊重、关心和爱护别人的人，自然也会得到别人的关心、爱护和帮助。

前苏联著名作家高尔基在给小儿子的一封信中说："我一看到你栽的花，心中就充满喜悦，如果你永远地，整个一生都给人民留下美好的东西——花朵、思想、关于你的光荣回忆，那么你的生活就会轻松愉快。……当你感到一切人都需要你的时候，这种感情就会使你有旺盛的精神。"这正是对"助人为乐"美德的诗意般的概括。

2. 宽怀大量

所谓宽怀，即指为人要胸襟大度。法国文学家雨果曾说过："世界上最广阔的是海洋，比海洋更广阔的是天空，比天空更广阔的是人的心灵。"胸怀大度，能使人与人的关系更加和谐；若斤斤计较，心地狭窄，则容易使人际关系紧张。有的中学生，待人接物时，心胸褊狭，控制力差，稍不如意就恶语相对，或耿耿于怀。

在日常生活中，类似这样的例子是经常可见的：

电影院。进场的观众如潮涌入。由于拥挤，一个中学生不小心踩了前面的一个中学生的脚，挨踩的一把抓住踩人的，瞪着眼睛喊："你瞎了？没长眼睛？"对方也不甘示弱，挑衅地说："怎么着，找茬儿打架？你以为我怕你？"说着两人扭打起来。皮肉受苦不说，这两人都因为扰乱公共场所秩序被罚款，同时被撵出电影院。

对我们中学生来说，心胸与度量不是个无关紧要的小问题。它不但关系到我们的个人形象，还关系到学业的成败。在学习与社交过程中，度量也直接影响到人与人之间的关系是否能协调发展。

人与人之间经常会发生矛盾，有的是由于认识水平的不同，有的是因为对对方的不了解，或者是一时的误解。你能够有较大的度量，以谅解的态度去对待别人，这样才可能赢得理解，赢得支持，赢得良好的人际环境，使自己与他人的矛盾不断缓解、消失。

反之，如果度量不大，为了丁点大的小事而争吵不休，斤斤计较，结果必将是徒伤感情，葬送友谊；分散精神，贻误学业。

信守承诺也要看人

误区：不同的人不同对等，对有的人不必信守承诺。

在我们与同学或亲友交往中，一定要讲信用，说话算数，绝不爽约。这也是文明礼貌的标志之一。

古时候有个"抱柱守信"的故事，传说有个叫尾生的年轻人，他和别人约在桥下相见。尾生在桥下等了很久，约会的人还是没有来。又过了一会，河水上涨，漫过桥来了。这时尾生为坚守信约，死死抱住桥柱子不放，一心等待约会的人前来。后来，河水越涨越高，竟把尾生淹死了。

尽管尾生抱柱等死有点迂腐，但他那种坚守信用的精神却是值得称颂的。因为他把信用看得比生命还重要。我们中华民族自古就有坚守信用的传统和美德，单是讲"信"的成语就有"信誓旦旦"、"信而有征"、"信赏必罚"、"言而有信"、"徙木立信"、"一言为定"等。

对比古人，观照自己。同学们不妨反省一下自己是否有过失约食言的行为。譬如，别人托你买一张球赛票，钱都交给你了，你拍胸脯担保绝对没有问题，可到了售票处一看，队排得那么长，你就不乐意买了。又如，几个同学相约假日同去旅游，事到临头你又变了卦，或是约的早晨7点钟集合，你却8点才到。请不要以为这些是小事一桩，如果你在小事上经常失信于人，人们在大事上也会对你不信任的。正像孔夫子说的："人而无信，不知其可也。"

如果说古代社会尚且如此重视信守诺言，那么，到了人们的联系比过去更为密切，相互相间的影响和连锁反应也比过去更为强烈的今天，信守诺言就更为重要了。一个人讲信用，重诺言，就是对他人利益的尊重。轻诺寡信，轻则妨碍他人的休息和生活，重则影响自己的事业和效益。现代社会环环紧扣，一个人违诺失信，常常会影响公共事业与大众利益，甚至造成严重损失。所以，慎诺重信，言必信，行必果，是青少年学生从小应该养成的好品质，是一代新人自重自爱的表现。

说出秘密是一件快乐的事情

误区：自己的秘密都要说给朋友以获得心理上的宣泄和快慰，为别人保密实在是一种心理负担，说出去才会得到快感。

秘密，是任何人都有的。早从小学时代起，我们就开始在一定范围内向别人保密了，就是对最亲近的父母也不例外。但是我们心头的秘密，却可以向要好的同学朋友公开，只是，这有一个条件："秘密"告诉了你，你就得为我保密，不然以后我就再也不会把秘密告诉你了。这种向朋友吐露又要求朋友保密的倾向，随着年岁的增长，愈来愈强烈。

一个人总有一些纯属个人私事的东西，这些"隐私"往往不宜扩散，只能在自己与挚友之间"你知、我知"。这些隐私包括伤心的事，包括快乐的秘密，也包括生活的缺陷、个人的恩怨等。这些个人"隐私"，自己闷在心里实在难耐，于是就会向知心好友倾吐出来，目的是为了赢得朋友的同情、爱怜，让其帮助自己出点子，想办法。

假如，当好友将他的苦衷告诉了我们，我们却把这些"悄悄话"公之于众，那么会引发什么样的后果呢？朋友伤心不说，可能还会引起意想不到的连锁反应，引发系列风波，平白无故地制造出人为矛盾，而自己的形象也蒙上一重阴影。

朋友把自己的"隐私"告诉了你，即使没有叫你保密，也表明了他对你的极度信任。对此，你只有为他分忧解愁的义务，而没有把"隐私"张扬出去的权利。如果张扬出去，势必会失去朋友的信任，以后别人就再也不敢和不愿把自己的"隐私"告诉于你，而你也就成为一个严重失德的人。

人们之间互相交往，是为了交流情感、寻找帮助和增进友谊。人们结交朋友的一个重要目的，就是使自己的心里话能够找到个可以倾诉并被理解的对象。但是，言而无信的人却辜负了这种信任，他们当面答应"保守秘密"，背转身来又向别的不相干的人和盘托出。像这样的人，怎么让人与之交往呢？

嫉妒是一种正常的心理现象

误区：人人都会妒忌，这是一种正常的心理现象，不必为此而烦恼。

在著名的荷马史诗《伊利亚特》中，有一个关于苹果的故事：

"那是在狄萨利亚的国王皮琉斯的结婚典礼上，几乎所有的女神都应邀来吃喜酒，只有一个女神阿利斯没被邀请。阿利斯大为恼怒，便在筵席上丢下一个金苹果，上面写着一行小字：'送给最美丽的。'这一来，引起了轩然大波，有3位女神为了争夺这个苹果，引发了无穷的纠纷，终于演变为古希腊传说中为期10年的特洛伊战争。"

一个苹果为何会有这么大的魔力？关键在于上面的一行小字。正是"最美丽的"这一称号，点燃了女神们心中的嫉妒之火，于是便不择手段地相互争战。

这当然只是一个神话故事，但它却像一面镜子似的反映了人类社会的现实。在我们同学年轻的心灵中，不也同样存在着嫉妒的毒素吗？有的同学在班上处处争强好胜，容不得别人超过自己。谁被老师表扬了，谁的分数比他好了，都会引起他的不快，令他变着法子贬低他们，讽刺挖苦，冷嘲热讽，打击别人，抬高自己。有的同学甚至大言不惭地说："我这个人就是喜欢嫉妒！"

同学们，在我们中间，像这种具有嫉妒心理的同学还真不少。这种同学在班上处处争强好胜，把精力、心思都用在满足自己不健康的心理需要上，既害集体，又害自己。有人把嫉妒比作一支毒箭。要知道，这支箭不仅会射中别人，也会射中自己！

既然嫉妒是一种极端自私的不健康的心理表现，那么我们就该坚决克服它。问题在于，怎样才能有效地克服嫉妒心理，做一个光明磊落，宽容大度的好学生呢？

首先，要深刻认识嫉妒心理对自己的危害。处处嫉妒别人，不但容易伤害别人，而且也使自己失去同情，失去朋友，最终只会使自己处于孤立之地，令人讨厌。好嫉妒别人的同学，总是把主要精力用于打听、干扰、打击比自己强的人身上，无心勤学苦练。这样做，最受影响的，其实还是自己的学业。

其次，要明白每个人都不可能事事胜于别人，不要老是要"居人之上"心头才舒服。当自己内心对比自己强的人产生嫉妒时，要提醒自己："比自己强的人是自己的榜样，我要追赶他，超过他，但不嫉妒他！"要既积极进取又不嫉妒别人，做事光明磊落，不搞小动作。比方说，在长跑中，有人跑在前，取得了成功，而你"栽"了，失败了。这时你就要告诫自己："今天他领先了，证明自己还有不如人的地方。以后我要加劲训练，下次领先的就是我。"并且衷心地向胜利者祝贺，公开坦诚地表示要赶上他。

另外，要正确认识自己。很多同学的嫉妒常常是从拿自己和别人比较开始的。正因为没有正确认识自己，所以常常便以自己的优点比别人的缺点，以自己的成绩比别人的不足，越比越不服气，这不是实事求是的态度。我们应当对自己有个恰当的估价，学会取人之长补己之短，与同学们共同进步，共同提高。

同学们，大家渴望在学习上不断进步，希望自己能名列前茅，这是良好的愿望，也是容易理解的。但驱使自己前进的动力应是进取心而不是嫉妒心。有嫉妒心的同学如果能够正确地以进取心取而代之，与同学真诚相处，互相帮助，你追我赶，那才会取得真正的进步！

害羞是有羞耻心的一种表现

误区：因为有羞耻心，所以才会产生道德上的制约力量，害羞是有道德感的表现。

害羞，这是学生中普遍存在的一种现象。害羞的同学怕与陌生人接触，无法在众人面前流利地表达自己的思想，需要求助的时候却怯于向同学启齿，遇到老师提问就脸红。害羞感令我们常常尴尬，极不自然，无法发挥我们的智慧和才能，因而严重损害了我们的风度和形象。

克服羞怯心理其实并不太难。有害羞表现的同学，不必把害羞当成包袱，因为害羞并不来自遗传，而是环境的产物，是完全可以战胜的。要自己相信自己，不要把自己的形象和表现想得那么糟，也不要因一两次不成功的经历便否定了自己的能力。谁都有失败的时候，谁都难免出丑。然而，这些与我们的成功交际纪录相比，毕竟只占很小比例。为什么老是记住那些令自己脸红的场合，而却忘记那些光彩的时刻呢？

要学一些社交技巧，练习语言表达能力，比如怎样和身份、年龄不同的陌生人打招呼。和别人交谈前，先做些准备，写出谈话提纲，慢慢过渡为只想不写。

要大胆实践，主动到人多的地方去锻炼自己的胆量，如当众大声朗读；遇到排队的人，大大方方地从排头走到排尾；当公共汽车从你面前开过时，从容地朝车厢里望望；买东西时，大方地要求选择或退换商品；穿自己喜欢的新衣服在街上走……锻炼胆量，特别需要培养说话的勇气。说话当然要想好再说，但临场时也不要过分地瞻前顾后，只要认为该这样说，就大胆地说出来。

多参加集体活动。在集体活动中，人与人接触频繁，而且内容和目标一致，这为交往提供了良好的条件。所以，热爱集体，积极参加集体活动，也是克服羞怯心理的重要途径。相信这么一来，你的形象将会大为改善，你将会变得越来越大方！

该发怒时就发怒

误区：忍让是有限度的，过度忍让会得心理疾病，把不满情绪发泄出来，有利于身心健康。

同学们恐怕都听到过气话吧？当你遭到气话的骚扰时，怎么办？记住要忍让，不要冲动。西方谚语说："愤怒会吹熄智慧之灯。"人一旦冲动发怒，便可能置礼仪修养于不顾。所以，一个聪明睿智的人，面对这类问题时便会想起"冷静"两字。

通常，说气话的人可能出自多种原因：有时是委屈，觉得对方不理解自己或冤枉了自己；有时是自己的想法、行为受到别人的阻碍而不能实现；有时是看到对方损害了他人或集体的利益；有时是个人利益受到损害，只顾自己不顾别人……不管哪种情况，气话的共同特点是带有突发性、冲动性和短暂性。从言语上看，说气话的人措词往往绝对、夸大、过激；从表情上看，说气话的人有的神气活现，有的暴跳如雷，有的涕泪交加，有的咬牙切齿，很少能保持常态。

而听到气话的人呢？也有不少人难以保持常态，有的人大为激怒，有的人气闷不已，有的人伤心消沉，有的人则不加思索地"以牙还牙"，故意加倍回敬以另一番气话，以报复原先说气话的人。结果便使一时的气话变成恶性的连环，结果越变越糟。

气话使人失去常态，失去风度，失去理智，陷入了意气用事之中，人为地夸大和激化了矛盾，伤害了友谊。可见，说气话与不能正确对待气话同样都是有害的，都是有损我们的形象的。那么，怎样对待别人的气话才是正确的呢？

（1）保持清醒的头脑。有些气话不是你直接听到的，而是经过了别人的转述。究竟原话是否如此，一定要保持几分怀疑。即使自己直接听到了冲你而发的气话，也要想：他为什么这样说，会不会是误会了，也许我真的错了？用这种方法先把自己的情绪控制下来，再慢慢去理出个为什么，并找机会解释，消除对方的"气"。

（2）"不以为然"。也就是说，不把对方的气话完全当成真话。说气话的人常常是在失去理智的前提下一时冲动开口的，所以这些话就不一定是真话，并不完全代表说话人的真心。听到气话时，保持礼貌的沉默，心想"虽然现在他这么说，但他会后悔的"，从而对对方的"挑衅"不予理会。这种冷处理的办法，有助于抑制气话的有害后果。

（3）宽容和忘记。说气话是很糟糕的事。说气话的人图的是一时的痛快，给人留下的，却是长时间的难受。但是，事情既然发生了，就要理智地对待它。对于别人说气话,我们要尽快忘掉;对说气话的人,要设身处地地为他们着想,谅解他们,绝不报复。

近代史上著名的民族英雄林则徐,在他的大厅里悬挂"制怒"二字,用以督促自己凡事忍耐,不发怒。英国作家毛姆说:"容忍是人的美德。人如能容忍,这世界也许更适于生活。"法国作家拉芳登说:"忍耐的效果往往超过力量与愤怒。"

每当我们遭受到气话的攻击或蒙受冤枉时,请记住:"生气是一个人对自己的最大惩罚。"

钱债要讨,情债也要讨

误区:欠债还钱,欠情还情,天经地义。

中国有句古话:"虽有兄弟,不如友情。"可见交友之重要。有些同学在交友过程中,往往开头人缘不错,但友谊却不持久、不巩固。这种现象很有代表性。究竟是什么原因使其能开好头却不能结好尾呢?

一个人的待友之心,往往体现在日常生活的琐细事情中。分析起来,这些同学之所以开始显得人缘很好,主要是因为他们一般都比较随和、乐于助人,能够想别人所想,济别人所难。在这些方面,这些同学的确做得不错。但是,在他们帮助过别人之后,内心也就不断增长期待别人回报的心理。当这种心理得不到满足时,他们与曾经被帮助过的人的关系便日渐冷淡了……

不错,同学之间应该互相帮助,互相接济,但是这只能是我们自己的信念,而不能以此强求别人,甚至因别人做不到这一点,自己也就放弃了这一义务。埋怨对方没有投桃报李,自己吃了亏,说那些"我对他多好,我帮他做了多少事。轮到这次我求他,他却不管,真不够朋友"之类的话的同学,在他们看来,"友谊"几乎成了一种贸易。与人交往,施恩图报,而恩和报之间又难得均衡,那么,这样的朋友关系又怎能发展下去呢?斤斤计较的人不但会失去朋友,而且会失去自己的品格。

古希腊政治家伯利克说:"我们结交朋友的方法是给他人以好处,而不是从他人方面得到好处。""当我们真的给予他人以恩惠时,我们不是因为估计我们的得失而这样做,乃是由于我们的慷慨这样做而无后悔的。"为此,请把别人欠你的情尽量忘掉。

没钱就没真朋友

误区：社会越来越现实,没有钱很难交到朋友,基本上可以说,乞丐是没有朋友的人。

交友不能只认钱,靠金钱交到的朋友是靠不住的。交友需要遵守以下原则：

1. 真诚尊重的原则

苏格拉底曾说："不要靠馈赠来获得一个朋友,你须贡献你诚挚的爱,学习怎样用正当的方法来赢得一个人的心。"可见在与人交往时,真诚尊重是礼仪的首要原则,只有真诚待人才是尊重他人,只有真诚尊重,方能创造和谐愉快的人际关系,真诚和尊重是相辅相成的。

真诚是对人对事的一种实事求是的态度,是待人真心实意的友善表现,真诚和尊重首先表现为对人不说谎、不虚伪、不骗人、不侮辱人,所谓"骗人一次,终身无友";其次表现为对他人的正确认识,相信他人、尊重他人,所谓心底无私天地宽,真诚的奉献,才有丰硕的收获,只有真诚尊重方能使双方的友谊地久天长。

真诚尊重是重要的,然而在社交场合中,真诚和尊重也表现为许多误区,如在社交场合一味地倾吐自己的所有真诚,甚至不管对象如何;不管对方是否能接受,凡是自己不赞同的或不喜欢的一味地抵制排斥,甚至攻击。在社交场合中,陷入这样的误区也是糟糕的。故在社交中,必须注意真诚和尊重的一些具体表现,在你倾吐真言时,有必要看一下对方是否是自己真能倾吐肺腑之言的知音,如果对方压根不喜欢听你真诚的心声,那你就徒劳了。

另外,如果你不喜欢、不赞同对方的观点或打扮等,也不必针锋相对地批评他,更不能嘲笑或攻击,你可以委婉地提出,或适度地有所表示,或干脆避开此问题。有人以为这是虚伪,非也,这是给人留有余地,是一种尊重他人的表现,自然也是真诚在礼貌中的体现,就像在谈判桌上,尽管对方是你的对手,也应彬彬有礼,显示自己尊重他人的大将风度,这既是礼貌的表现,同时也是心理上战胜对方的表现。要表现你的真诚和尊重,在社交场合,切记3点:①给他人充分表现的机会;②对他人表现出你最大的热情;③永远给对方留有余地。

2. 平等适度的原则

在社交场合,礼仪行为总是表现为双方的,你给对方施礼,自然对方也会相应的还礼于你,这种礼仪施行必须讲究平等的原则,平等是人与人交往时建立情感的基础,是保持良好的人际关系的诀窍。平等在交往中,表现为不要骄狂,不要我行我素,不要自以为是,不要厚此薄彼,更不要傲视一切,目中无人,更不能以貌取人,或以职业、地位、权势压人,而是应该处处时时平等谦虚待人,唯有此,才能结交更多的朋友。

适度原则即交往应把握礼仪分寸,根据具体情况、具体情境而使用相应的礼仪,如在与人交往时,既要彬彬有礼,又不能低三下四;既要热情大方,又不能轻浮谄谀;要自尊但不能自负;要坦诚但不能粗鲁;要信人但不能轻信;要活泼但不能轻浮;要谦虚但不能拘谨;要老练持重,但又不能圆滑世故。

3. 自信自律原则

自信原则是社交场合中一个心理健康的原则,唯有对自己充满信心,才能如鱼得水,得心应手。自信是社交场合中很可贵的心理素质。一个有充分自信心的人,才能在交往中不卑不亢、落落大方,遇到强者不自愧,遇到艰难不气馁,遇到侮辱敢于挺身反击,遇到弱者会伸出援助之手;一个缺乏自信的人,就会处处碰壁。

自信但不能自负,自以为了不起、一贯自信的人,往往就会走向自负的极端,凡事自以为是,不尊重他人,甚至强人所难。那么如何剔除人际交往中自负的劣根性呢?自律原则正是正确处理好自信与自负的又一原则。自律乃自我约束的原则。在社会交往过程中,在心中树立起一种内心的道德信念和行为修养准则,以此来约束自己的行为,严以律己,实现自我教育，自我管理，摆正自信的天平，既不必前怕虎后怕狼般缺少信心，又不能凡事自以为是而自负高傲。

4. 信用宽容的原则

信用即讲究信誉的原则。孔子曾有言："民无信不立，与朋友交，言而有信。"强调的正是守信用的原则。

守信是我们中华民族的美德，在社交场合，尤其讲究。①要守时，与人约定时间的约会、会见、会谈、会议等，决不应拖延迟到；②要守约，即与人签订的协议、约定和口头答应他人的事一定要说到做到，所谓言必信，行必果。故在社交场合，如没有十分的把握就不要轻易许诺他人，许诺而又做不到，反落了个不守信的恶名，从此会永远失信于人。

宽容的原则即与人为善的原则。在社交场合，宽容是一种较高的境界，《大英百科全书》对"宽容"下了这样一个定义："宽容即容许别人有行动和判断的自由，对不同于自己或传统观点的见解的耐心公正的容忍。"

宽容是人类一种伟大的思想，在人际交往中，宽容的思想是创造和谐人际关系的法宝。宽容他人、理解他人、体谅他人，千万不要求全责备、斤斤计较，甚至咄咄逼人。总而言之，站在对方的立场去考虑一切，是你争取朋友的最好方法。

朴实的人无需太多客套话

误区：朴实木讷的人实在，花言巧语的人虚伪。

根据《辞海》的解释，语言即人类所特有的用来表情达意、交流思想的工具，由语音、词汇、语法构成的符号体系，有口语和书面语之分。

语音类的修养指通过不同的语音来表示礼仪的意思，即通过声音的高低、音色、语速、声调来暗示不同的意义。比如，同样是"先生，早上好"，如用不同的语音来表达，那么所传递的含义就有所不同。如采用一种平淡的、毫无激情，甚至是很低的音调来表达，同用亲切的、富有激情的、高昂的音调所传递的含义就有差距。

但很多时候，语音类的礼仪不是独立使用的，而是同另外两种礼仪结合发生作用的,但正确使用语音类礼仪显得特别重要。其中应特别注重声音的独特功能。首先声音的表达要让人感到真实、朴实、自然,切忌装腔作势,嗲声嗲气;其次音量要控制得当,需轻柔时勿高昂,需低沉时勿喧哗。总之,一般情况下,音量总是以适中为宜,其次音调要注意抑扬顿挫,和谐悦耳。

口头语类修养即通过口头语言的方式所表达的各种礼仪,即以谈话的方式表示礼节。这种礼仪往往最多地被使用在人际交往中,与人相见相谈,首先要互相问好,相谈结束,要互相道别,这均是通过口头语言来表达的,故在迎来送往时,口语类礼仪是最常见的。

口语类礼仪的表达要注意时间原则、地点原则、对象原则。所谓时间原则,即不同的时间应有不同的口语礼仪。比如白天上班时和晚会时的口语礼仪就不同。上班时,同事相见问声好便可。如在晚会上,那么口语礼仪就应相对复杂些,除了问好之外,还可以进行适当的交流。地点原则即不同的地点,口语礼仪的表达就应有所区别。对象原则即不同的人就应有不同的口语礼仪表示。不同民族、不同国家的人自然有所不同,同一个国家的人,也可能因年龄、职位等的不同而有所区别。

书面语修养即通过书面语的方式表达的礼仪。这种礼仪行为不是直接在面谈时表现的,而是在非面对面人际交往时所使用的。书面语礼仪往往通过感谢信、贺电、函电、唁电、请柬、祝辞等礼仪书信形式来传情达意。

语言表达应简明扼要、切忌啰唆重复。有分寸指语言表达要适度,既不要伤害对方,又不能损伤自尊心,在语言上表达出情和理的分寸。

沉默就不会暴露自己内心

误区: 言多必失,沉默是金。少说话就不会暴露自己的内心。

人除了通过说话来表达心声之外,身体语言也能表达内心的想法。所谓身体语言,就是通过人的身体各部位所表现出来的有一定含义的行为。人的身体语言包括表情语言和动作语言两大类。身体语言类礼仪可以划分为表情语言类和动作语言类2种。

表情语言指通过人脸部的各种各样的表情来传递的含义。人的脸部表情是人世间最丰富多情的一道风景线。一个人的脸部表情包括眼、眉、嘴、鼻、颜面肌肉的各种变化以及整个头部的姿势等。

人的五官除耳朵无法支配以外，其余皆能通过大脑来随意地表现特定的情感，比如人的眼睛，它是人的表情语言中语汇最丰富的。我们常说眼睛是心灵的窗户，眼睛能传达心灵的喜怒哀乐嗔怨，"眼语"就像灵魂的一面镜子。

据心理学家研究，人在兴奋时，他的瞳孔会马上放大，甚至可以放大到平常的4倍。相反，人们生气难过时，瞳孔就会缩小。在与人交往时，通过"眼语"往往可以观察对方是喜欢你、支持你，还是讨厌你、反对你。深沉的注视表示崇敬，横眉冷眼指仇敌，眉来眼去指情人暗送的秋波。

在人际交往中，人的脸部表情是交往时的门面和窗口，通过脸部表情所传达的含义往往是最真切、最直接的。可想而知，一个拉长面孔的人向你连呼"欢迎"，是丝毫激不起你的好感的。可见，在社交场合中，我们应适时地动用我们的表情语言礼仪，为自己创造出更美好的情景。

动作语言是指通过人的各种身体动作传达的含义。人的身体动作非常多，有手语、眼语、腿语、腰语、足语等。中国人常用手舞足蹈、措手不及、手忙脚乱、拍手称快、赤手空拳、搓手顿脚、袖手旁观、握手言欢等动作语言来表达人的思想行为。在人际交往中，这些动作语言所显示出来的含义是非常常见的和有深意的。

为此，我们必须了解这些语言的具体含义。比如人的"手语"是语义最丰富的动作语言，各种场合均少不了"手语"的动用。人们在谈话中，借用"手语"来辅助有声语言难以表达的意义；在谈判和演讲中，"手语"的动用更为关键。

人们用手来表示各种各样的情感。如中国人跷起大拇指表示赞扬；伸出小拇指表示鄙视；在人背后指指点点表示不礼貌等。西方一些民族则把拇指朝上表示"好"，朝下表示"坏"；向上同时伸出中指和食指成"V"字，表示胜利；用拇指和食指圈成"O"形表示"OK"。总而言之，动作语言所表示的含义是非常丰富多彩的。我们应根据具体场合、对象和时间等来施行这种动作语言。

另外，饰物也能表现出一种含义。饰物类语言礼仪指通过服饰、物品等非语言符号表达一定的思想和情感意义的礼仪行为。一种是由服装、饰物、化妆美容等代表的礼仪，另一种是通过各种物品代表的礼仪。

服饰和物品作为一种非语言符号，在现实生活中，人们有意无意地通过服饰和物品传达着一些特定的信息，或反映社会的精神风貌，或代表着自己的审美情趣，或体现民族的传统文化等。这些非语言符号或多或少、或有意或无意地传递着社会的礼仪要求和规范，而且在社交礼仪功能上具有很强的演示性。

服饰和物品是一种情感的象征。每一种服饰和物品均可表达特定的情感。比如宴会上人们穿着晚礼服，婚礼上新娘的礼服，人们在追悼会上穿的丧服，婚礼上送的鲜花和清明上坟时所送的鲜花，均代表特定的情感意义。

服饰和物品是一种对美的演绎。谁也不会把不美的衣服披挂上身，谁也不会把不美的礼品赠送给别人。人类在采用或审视某种服饰或物品时，总是因为它本身内在的美而选择了它，比如医生的大褂，白色是纯洁和无瑕的，这象征着医生的职业也是崇高的，于是乎白大褂就成"白衣天使"的一种美的标志。

所谓礼貌就是客套话

误区：很多所谓礼貌的话，就是客套话、虚伪的话、违心的话，不必认真对待。

在人际交往中，有些人对他人有很强的交往引力，人们乐意与他交往；有些人却缺乏这种交往引力，人们不愿同他交往。有些人在他人心目中有很高的威信，人们非常信任他、崇拜他；有些人在他人的心目中的威信很低，人们轻视他。

在公关活动中，即使谈同样的事情，有些人很有能力，促成谈判成功；有些人却时常使谈判陷入僵局或者使谈判失败。推销同一种商品，有些人很容易引起人们的购买欲望，使产品很快就推销出去；有些人却激不起人们的购买欲望，推销失败。所有这些截然相反的结果，是由很多因素造成的，但一个人的礼貌修养却起着至关重要的作用。

　　一个人的礼貌修养主要表现在服饰衣着和言谈举止两个方面。一个人的服饰衣着往往代表一个人的身份，所以在人际交往中要特别注意自己的衣着。比如，有客人来访，穿着睡衣接待，就是对客人的不尊重，应当衣着整齐地待客。假如给客人开门时穿着睡衣，应当让客人在客厅稍等，自己去换上比较整洁的衣服。服饰衣着要与环境场合相适应，正式的场合要穿庄重的衣服。日本人特别注意到这一点，虽然日本和服漂亮，又有其特色，但正式场合中日本人也很少穿和服。

　　言谈举止也能反映一个人的礼貌修养程度。去拜访别人时，应考虑拜访的时间；乘车时，要让地位高、年龄大的先上，下车时，自己先下来给他们开门；同妇女一块上楼时，男子应走在后面，下楼时走在前面；同熟人见面时，要主动打招呼，别人同你打招呼，应立即回应；同他人谈话时，要注意用词，不要随便打断别人的话等。所有这些都反映了一个人的礼貌程度，人们总是愿意同彬彬有礼的人进行交往，不愿同不懂礼貌的人打交道。

　　一个人的礼貌修养是逐步养成的，所以在平时就要注意养成一些好的习惯。

父母吵架儿女不要参与

　　误区：大人的很多事情儿女不懂，也难以判断是非，更不能说谁对谁错，所以不要参与。

　　父母与邻居闹矛盾时，或站在父母一边，或站在邻居一边，或持不介入的态度。这样做，都不能解决矛盾。人们常说，牙齿与舌头也免不了要打架。邻里之间，朝夕相处，无论关系怎么融洽，矛盾也是难免的。例如，中学生张三一家与隔壁李叔叔关系还可以。一天，张三放学回家，看见父母正与李叔叔一家争得厉害，真有点要动手的架势。父母看见张三来了，似乎增加了一个帮手，争吵声调更高了。

可张三呢，没有加入到吵架的"二重奏"中，他先把父母劝回屋里，接着又把李叔叔他们也劝回去。等父母的气消了一些后，张三才问起闹矛盾的原因，原来是一点点芝麻般大的事情：李叔叔家的后门口，雨天常进水，他在门口垫了点土，结果水流到了张三家的后门口，张三父母骂李叔叔"损人利己"，于是也把自家门口垫得更高……

张三了解真相后，向父母谈了3点：①李叔叔家进水是个问题，应该解决；②现在这样做，不是解决的好办法，两家人商量个办法，一起解决问题；③李叔叔曾经帮过他们不少忙，不能事情过了，就忘记好处。

经张三这么一分析，父母的气消了。接着张三又去与李叔叔商量，李叔叔也意识到刚才的做法欠妥。于是两家一起开了条阴沟，积水问题解决了，两家人的关系更亲密了。

可见，当父母与邻居闹矛盾时，像张三这样，并不急于当场弄个水落石出，而是先让矛盾"冷一冷"，事后再弄清真相，做双方工作，特别要开导自己父母，多想邻居的长处，主动帮助父母沟通与邻居的感情。这是当父母与邻居闹矛盾时，你所应采取的最妥当的办法。

学生只需学习无需交际

误区：学生的任务就是学习，交际活动是走上社会去学的事情。

广大中学生，虽然还在学校学习，但仍然置身于各种各样的关系网络之中。在家里，我们要处理好与父母、与邻居的关系；在学校里，则要处理好与老师、同学的关系；此外，我们还得在社会上活动，还要处理好与各种人的关系。将来，进一步涉足社会以后，交际面将更为广泛；而随着社会的发展，人际交往将越来越频繁，人际关系也越来越复杂。从这一点出发，我们粗知一些社交艺术，学会一些处理人际关系的方法，是很有必要的。

能使人产生快感的交往，叫做"有效交往"。人们彼此的交往，不能没有一定的"数量"，但更关键的还是要看"质量"，要看交往能给双方带来什么。有的人同别人的交往并不少，但相互关系平平，甚至是不佳，这大多是由于交往的有效性不够。例如，有的人好做锦上添花的事情，而不善于雪中送炭；有的人与别人讲话随心所欲，常使对方难堪，或冒犯、伤害人还不自察。诸如此类的交往都属不和谐的交往。

同样的交往方式，在不同的条件下，也会产生不同的效果。朋友之间无拘束的谈话，这是彼此赤诚相见的表现，有利于友谊的深化；可是在交往水平较低，甚至彼此有隔阂的人们之间，讲话直来直去往往会使人误解。

一个人身处逆境时，你伸出援助之手，即使只是一句宽慰的话，对方也可能铭记恒久，引你为患难知己；反之，当一个人正"春风得意"时，你一再地"添花"，他却未必会引你为挚友。人际交往应视条件、情况的不同而注意分寸与适度。

1. 交往品质

生活中，谁都愿意和热情、真诚的人交往，而同自私、虚伪的人则大多保持一段距离。这不是偶然的。

人们在交往中，往往有感情倾诉和心灵共鸣的需要，它们的满足在很大程度上取决于彼此的真诚与否。再者，人的自尊心在交往过程中也是显著的参与因素，而人的互相尊重也是以感情的真实所产生的信任为基础的。除了真诚以外，以下所述的也都是良好的交往品质，具备了它们，就会成为人际交往中令人喜欢的人，就更易于与人沟通，获得友谊，在生活中享受到充分的乐趣。

可爱的性格，能使人觉得亲切。而乐观无疑是一种可爱的性格。西方谚语说："悲观者在每个机会中都看到困难，乐观者则在每个困难中都看到机会。"乐观者以其生活的信念和热情感染人、鼓舞人，他就会对别人具有一种吸引力。而乐观者的开朗、活泼和幽默感，也是他性格中的得天独厚之处，因为这种可爱的性格洋溢着一种令人怡悦的情趣。

宽厚与随和，使人具有一种雍容的气度。有这种气度的人，善于理解人和体谅人；他不因偏执而拒人千里之外，但也不是无视是非而充当"好好先生"；他以明达和气度接纳别人，别人也会感于他的气度而生亲近之心。乐于助人的人，大都能获得良好的效应，因为不仅他的实际行动使人得益，而且这种品格也会唤起人们心中美好的情感。

当然，乐于助人须出于自然，而且应是事属必要；倘若过分卖力讨好，曲意奉迎，那么，其效果就适得其反。前者能使人喜欢并且得到尊重，而后者在受人利用之后却反而会遭到轻视。

有鲜明个性的人，往往能引人注目——"瞧，这个人多有个性！"而平庸的人，几乎没人注意，是很难受人喜爱的。但是，展示自己的个性，不能没有自知之明，在人际交往中，俨然以"自我"为中心，放纵个性的"野马"，轻易地冒犯、伤害他人，只会招人厌恶和离弃。因此，对个性强的人来说，很需要学会谦逊。"受人喜爱者对他们自己或他们的工作都不会太夸耀。"这条箴言，虽然朴素却很有益。

修养和礼仪给予他人的印象，同样不可等闲视之。言语举止得体适度，能使别人看上去觉得舒服，这也就在人际交往中先得一筹了。而缺乏修养和不识礼仪，言行粗俗或轻浮的人，一般来说总有损于形象，从而也招人鄙夷和厌恶。毋庸置疑，学会必要的交往礼仪和待人接物的方法，显然是必不可少的。由表及里，进而陶冶气质，使风度优雅，那就更会人见人喜了。

值得强调的是，要真正受人喜欢而且经久不衰，绝对少不了真诚。虚情假意，矫揉造作，固然也能一时取悦于人，但一旦被人察觉，那博得的欢心便会随之而荡然无存。如果谁要是把"如何使别人喜欢"理解为掩饰自我，假装巧饰，那就南辕北辙了。人们交往中，只有多加一些良好的交往品质，竭力减掉虚伪、自私、冷漠之类不良的交往品质，才能使交往臻于佳境。

2. 交往需要度

交往是每个人都需要的，但是需要的程度并非一成不变，而往往是因人因时因地而异。

交往的需要度不仅影响着人际交往的主动性，也影响着交往水平。交往的需要度越大，交往的有效度越高。锦上添花之所以远不如雪中送炭使人铭感不已，顺境中的帮助之所以远不如逆境中的支持为人铭记难忘，就因为两者的需要度有悬殊的差别。

善于交往的人，大多具有善于发现别人的需要并适时地加以满足的能力。人们需要帮助的时候，你不帮助；人们不需要照顾的时候，你却大献殷勤，这样的交往再频繁，恐怕也都属不甚和谐的交往。

交往是一种艺术。掌握了交往的艺术，你的交往能力和人际关系水平就能大大提高。

 老人需要哄

误区：老还少，老人像小孩子一样，哄哄就开心了。老人需要哄，而不是敬。

孝敬老人是我们中华民族的优良传统之一，过去有句古话说："人生在世，孝字当先。"有的地方也这么说："作为人子，孝道当先。"它们意思是相同的。实际上尊敬老年人是个世界性的问题，像美国对老年人就有许多优惠待遇，坐火车买车票时价格优惠许多。

从老年人本身来说，他们的阅历丰富，经验很多，为社会作出了很多贡献，现在年纪大了，再不能像青壮年一样工作了，但是，他们的大量知识、丰富经验是整个社会的宝贵财富，应该毫不保留地传授给青壮年，作为社会不断发展、不断前进的推动力量。

因此，老年人理应受到社会的尊敬和重视。事实上，社会越发展，文明程度越高，尊老敬老的风气就应该越浓；从另一个角度来说，对待老年人的态度就是社会文明程度和社会风气好坏的一个显著标志。对老年人越尊敬，越能激发老年人对社会的爱心和责任感，越能把自己多年积累的知识、经验、教训传授给后代，也越能启迪青壮年人更加奋发图强，为社会多作贡献。尊敬老年人的一些具体礼仪知识有如下几点，应该特别注意。

（1）见到老年人以后要说敬语。敬语的运用要根据当时当地的具体情况。像青少年见到了老年人，应该称呼大爷、奶奶，如说"李大爷您好"、"王奶奶身体还好吗"；如果是壮年人，见了老年人后应该称呼"您老"或大伯、大婶，像说"您老好"、"刘大婶身体还硬朗吗"、"张大伯您早"等。现在有一些人见了老年人不使用敬语，经常连一个"您"字也没有，有的人就直呼老头儿、老太婆。这是很不礼貌的表现，表明这些人连基本的教养都没有，更不要说什么礼仪修养了。

（2）对待老年人必须要有一种发自内心的尊敬的感情。例如在公共汽车上、地铁里主动让个座位，上下车时主动让老年人先上下，或帮助拿一下东西、扶一下等；遇到老年人时，根据当时的具体情况，或起立、或下车、或行礼、或问候、或谦让、或主动为其服务等。这些事情看起来虽然很微小，但是却能表现一个人的精神风貌和内在涵养。如果能这样对待外国客人，就表现了我们中华民族的优良传统和整个社会的文明进步。

（3）要不断向老年人学习。我们不仅要尊敬老年人，而且要虚心向老年人学习，学习他们的社会经验、科学知识、人生教训、做人的道理和方法、修身养性的秘诀。老年人的丰富阅历本身就是人生的无价之宝，如果是一位聪明的青壮年，就应该自觉向老年人学习，这样就如虎添翼，前途无量。任何一个正常的老年人，都有很多值得我们学习的东西，关键在于我们每个人的学习态度和学习方法。

经常面带微笑

误区：人人都喜欢笑脸，因此，以微笑示人是一种美德。

有人称微笑是"社交的通行证"，难道带着微笑与人交往就自然、顺畅吗？当然特殊行业和情境另当别论。普通人际交往中，自卑的人基本都能做到面带微笑，哪怕没听懂对方说的话也面带微笑，哪怕讲自己不满的人和事也面带微笑。一个主管，一点笑脸都没有，仍然德高望重。得到别人的爱戴不在于你笑了多少，而在于你看上去是否真诚。